地势坤，君子以厚德载物。

吕思勉白话中国史

近古卷

宋元兴亡

史学泰斗
吕思勉——著

浙江人民出版社

图书在版编目（CIP）数据

吕思勉白话中国史．近古卷．宋元兴亡 / 吕思勉著
．—杭州：浙江人民出版社，2019.12
ISBN 978-7-213-08618-2

Ⅰ．①吕…　Ⅱ．①吕…　Ⅲ．①中国历史—宋元时期—通俗读物　Ⅳ．①K209

中国版本图书馆 CIP 数据核字（2018）第 014970 号

吕思勉白话中国史·近古卷·宋元兴亡

LÜ SIMIAN BAIHUA ZHONGGUO SHI · JINGU JUAN · SONGYUAN XINGWANG

吕思勉　著

出版发行　浙江人民出版社（杭州市体育场路 347 号　邮编 310006）
责任编辑　徐　婷
责任校对　姚建国
封面设计　闫薇薇
电脑制版　顾小固
印　　刷　嘉业印务（天津）有限公司
开　　本　880 毫米 ×1230 毫米　1/32
印　　张　7.5
字　　数　146 千字
版　　次　2019 年 12 月第 1 版
印　　次　2019 年 12 月第 1 次印刷
书　　号　ISBN 978-7-213-08618-2
定　　价　36.00 元

目录

第一章　近古史和中古史的异点

从汉到唐，和从宋到清，其间的历史，有一个不大相同之点，便是：从汉到唐，中国是征服外族的；从宋到清，中国是被外族征服的。西晋时的匈奴、鲜卑、羯、羌、氐虽然属于外族，然而入居内地久了，其实只算得中国的边民。他们除据有中国的土地外，都是没有另外根据地的，所以和中国割据的群雄无异。到辽、金、元却不然。辽是自己有土地的，燕云十六州，不过构成辽国的一部分。金朝虽然据有中国之半，然而当到了世宗、章宗手里，都很惓惓于女真旧俗，很注重于上京旧地的。元朝更不必说了。所以前此扰乱中国的，不过是“从塞外入居中国的蛮族”趁着中国政治的腐败，起来扰乱。这时候，却是以一个国家侵入的。就是“中国前此，不曾以一个国家的形式，和另外一个国家相接触而失败，这时代却不然了”。从契丹割据燕云十六州起，到元顺帝退出中国的那一年为止，其间凡四百二十三年（公元946年至公元1368年）。

明太祖起而恢复中原二百七十五年。清朝人又入据之者二百六十八年（从顺治元年，即公元1644年起，到宣统三年，即公元1911年止），所以这时代，中国有十分之七，在汉以外的少数民族统治的状态之下。然而其初就是由几个军人内讧，把少数民族引进来的。这时代，中国之所以辗转受累，始终不能强盛，也都是直接间接受军人的害。读到下文，自然明白。军阀和国家的关系，可谓大了。然而还有一班人，说立国于现在的世界，军备是不能没有的。因而颇怀疑现在的军人，不能全去。我却拿什么话同他说呢？立国于世界，军备原是不能全去的，然而须要晓得，军备有种种的不同。若依然是“从今以前的军人”，可说于国家有百害而无一利；莫说保护国家，国家本没有外侮，有这班人，就引起来了；外侮本可以抵御，有这班人，就无从抵御了。这不是一时愤激之谈，请看历史。

第二章　唐朝的分裂和灭亡

第一节　安史之乱

北宋为什么不能抵御辽金，以至于被元朝灭掉？这个根是五代种下来的。五代时候，为什么要将少数民族引进来？这个根是唐朝种下来的。唐朝怎样会种下这个根？是起于有天下者好大喜功的一念，和奢侈淫欲的行为。专制政体和国家的关系，可谓大了。

唐玄宗时所设的十节度经略使，已见中古卷第十五章第三节。这诸镇之中，西北两面，以制驭突厥、吐蕃、奚、契丹故，兵力尤厚。唐初边将，是“不久任”“不兼统”的。“蕃将”就有功劳，也做不到元帅。玄宗在位岁久，渐渐荒淫。始而宠武惠妃，继而宠杨贵妃，委政于李林甫。林甫死后，剑南人杨钊，又夤缘杨贵妃的门路，冒充她哥哥。于是赐名国忠，继李林甫为宰相。玄宗始而锐意边功，继而荒淫无度，军国大政完全不在心上。边将就有以一人而兼统数镇，十几年不换的。李林甫又妒功忌能，怕边将功劳大的，要入为宰相，就奏用胡人为元帅，于是安禄山就以胡人而兼范阳、平卢两镇节度使。这时候，奚、契丹渐渐强起来了。安禄山时时同他们打仗，又暗招奚、契丹的人，补充自己的军队。于是范阳兵精，天下莫及。他有反心已久。以玄宗待他厚，一时还犹豫未发。到杨国忠做了宰相，和安禄山不对，说他一定要反的，玄宗不听。杨国忠就想激变安禄山，以“自实其言”，于是处处和安禄山作对。公元755年，禄山就反于范阳。

这时候，内地是毫无兵备的。玄宗听得禄山反信，叫封常清（河西节度使。这时候适在京师）到东京去募兵抵御他。然新招来的“白徒”，如何和百练的精兵打仗？屡战皆败，不出一月，河南、河北皆陷。禄山就称帝于东京。封常清逃到潼关，和副元帅高仙芝共守。玄宗把他杀掉，代以哥舒翰。哥舒翰主坚守，杨国忠又催他出战。公元756年六月，战于灵宝（如今河南的灵宝县——编者注：今为灵宝市），大败，潼关失守。玄宗出奔四川。当杨贵妃得宠的时候，还有她的姐姐秦国夫人、韩国夫人、虢国夫人，都出入宫禁，骄奢淫逸得了不得，后来杨国忠也是如此。军民心上，久已怨恨得不堪了。玄宗走到马嵬驿（在如今陕西兴平县——编者注：今为兴平市），军变了，逼着玄宗把杨国忠、杨贵妃都杀掉，然后起行，又有一班父老“遮道”，劝玄宗留太子讨贼，玄宗也听了他。太子走到灵武（如今甘肃的灵武县——编者注：今为灵武市）即位，是为肃宗。

当哥舒翰守住潼关的时候，平原太守颜真卿，常山太守颜杲卿，都起兵讨贼，河北响应。贼将史思明，虽然把常山打破，将颜杲卿杀掉。而朔方节度使郭子仪，河东节度使李光弼，又联兵而出井陉，杀败史思明。安禄山方面形势颇为吃紧。不意潼关破了，子仪、光弼，都撤兵西上，颜真卿也逃到行在，于是形势大变。幸而安禄山是个武人，所靠的只是兵强，此外别无大略。他手下的战将，也是毫无谋略的，既入长安，纵情于子女玉帛，并不出兵追赶，所以玄宗得以入蜀，肃宗也安然走到灵武。公元757年，安禄山又被他的儿子安庆绪杀掉。安庆绪不能驾驭诸将，将卒都不听他的命令，于是兵势骤衰。

肃宗即位之后，郭子仪已兵至行在。公元757年二月，先平河东，以为进取两京的预备。九月，以广平王俶（代宗）为天下兵马大元帅，并着回纥西域的兵，克复西京。旋进取东京。于是贼将皆降。贼将尹子奇屡攻睢阳，幸得张巡、许远坚守。后来虽然被子奇攻破，然而不久，东京就收复了。子奇为人所杀，江淮得以保全。

贼将中，最彪悍的要算史思明。投降之后，唐朝仍以他为范阳节度使。李光弼使副使乌承恩图之。事泄，思明杀掉承恩，再反。这时候（公元758年），九节度使之师六十万，方围安庆绪于邺，久而不克。史思明发兵来救，官军大败。李光弼的兵，在诸将中，算最整齐的，只断得河阳桥（河阳，如今河南的孟县——编者注：今为孟州市）。思明入邺，杀庆绪。旋发兵陷东京。公元761年，攻陷河阳及怀州（河南河内县——编者注：今为沁阳市），朝廷大震。幸而思明也为其子朝义所杀，贼势又衰。公元762年，肃宗崩，代宗立。史朝义差人去骗回纥，说唐天子已死，国无主；速南取其府库，金帛多着哩。回纥信了他，牟羽可汗自己带兵南下，而走到路上，给唐朝人晓得了，赶快派蕃将仆固怀恩（铁勒仆骨部人），前去游说他，劝他反助唐朝。于是再派雍王适（德宗）做天下兵马大元帅，和回纥的兵，一同进取东京。史朝义走幽州，幽州已降，想逃奔奚、契丹，为追兵所及，自缢而死。一场大乱，总算平定。

郭子仪、李光弼，是历史上负头等声誉的人物。我说他的兵，实在没有什么用场。这个很容易见的。进取西京的时候，官军的总数，共有十五万；回纥兵不过四千。然而为什么一定要有了回纥兵，才能收复两京？当时官军的兵力，并不薄弱，贼兵则久已腐败了；而且安禄山死了，失了统御的人；何以十几万的官军，竟不能力战取胜，一定要借助于回纥兵呢？围相州一役，没有外族兵，就以六十万的大兵，而杀得大败亏输（这时史思明的兵，只有三万）。

相持几年，毕竟又靠回纥的力，才把史朝义打平。这种军队，也就可想而知了。所以我说《唐书》上所载郭李的战绩，全不可信。安史的亡，只是安史的自亡。不然，安史的一班降将，何以毫不能处置，而只好养痈遗患呢？

第二节　唐中叶后的外患

唐朝因安史之乱所致的患害有两种：一种是外国骤强，一种是藩镇遍于内地。

突厥复兴的时候，回纥度碛，南徙甘凉间，已见上卷第十四章第六节。突厥亡后，回纥怀仁可汗又北徙据其地（树牙于都尉鞬山，大约在如今三音诺颜境内）。怀仁的太子叶护（叶护是官名，不是人名。凡北狄的人名，有时是“名”，有时是“称号”，有时是“官名”，有时“名”“号”“官名”等混杂在一起。一一分别，不胜其烦；而且有许多分别不出的，所以概不加注。特于此发其凡，读者只要不把它都认作人名就是了），助中国收复两京。原约克复西京之日，土地归唐，金帛子女归回纥。城破之日，回纥欲如约。广平王率众拜于叶护马前，请他破了东京再如约，回纥也勉强听从。代宗时候，怀仁可汗已经死了，子移地健立，是为牟羽可汗（叶护得罪前死，所以不曾立）。听了史朝义的话，自己带兵南下，走到陕州，遇见了仆固怀恩，总算是反而助唐。然而居然责雍王不“蹈舞”，把兵马使药子昂、行军司马韦少华杖杀。这时候的唐朝，只得吞声忍气，无如之何。仆固怀恩虽然是个蕃将，对于唐朝，却的确尽忠（参看《唐书·仆固怀恩传》）。后来和河东节度使辛云京不协，唐朝却偏助云京，于是怀恩造反；兵败，逃入回纥。公元764年，引回纥吐蕃入寇。幸而怀恩道死，郭子仪单骑去见回纥，说和了他，与之共击吐蕃，吐蕃遁去。唐朝和回纥的国交，总算没有破裂。然而这时候，回纥骄甚，每年要贡马数千匹，都是用不得的，却要赏赐它很多的金帛。回纥人留居长安的，骄纵不法，酗酒滋事，无所不为。犯了法，给官抓去；便聚众劫取，官也无如之何。后来牟羽可汗又要入寇，宰相顿莫贺谏，不听，就弑之而自立，是为合骨咄禄毗伽可汗。德宗在陕州，是吃过回纥的亏的。即位之后，心中还有些不忿。然而这时候，唐朝的国力，实在不够。宰相李泌，再三婉劝，于是与回纥言和。回纥从肃代以后，和唐朝交通频繁，多得唐朝的赏赐，渐渐地“濡染华风”，流于文弱了。文宗时，年荒疫作，为黠戛斯所攻（就是铁勒十五部里的结骨。《唐书》称“其人皆长大，赤发，皙面，绿瞳”。其本来是白种，后来和铁勒相混，所以又说“其种杂丁令”。“其文字语言，与回鹘同。”其牙在青山，青山在剑河之西。按剑河就是谦河，见中古卷第十三章第四节），可汗廅驭特勒被杀。余众走天德（军名，在乌剌特旗境——编者注：今为乌拉特中旗）振武间，盗畜牧，为唐军所破。残部五千，仰食于奚，仍为黠戛斯所虏。于是漠南北无复回纥。而其余众走西域的，蔚为其地一大族，遂成现在回族分布的形势（参看第八章第一节）。

吐蕃却比回纥强，所以唐朝受吐蕃的害，也比回纥为烈。安史之乱时，诸将皆撤兵入援。于是吐蕃乘势尽陷河西陇右之地。公元763年，吐蕃入寇，至便桥（在如今陕西咸阳县境——编者注：今为咸阳市）。代宗奔陕州。吐蕃入长安，立广武王承弘为帝。旋以郭子仪多张疑兵以胁之，乃弃城而去。德宗初立，和吐蕃讲和，约以泾陇诸州为界。朱泚反时，吐蕃允助兵讨贼；约事定，畀以泾灵等四州。旋吐蕃军中疫作，不战而退。事平之后，却又邀赏，德宗只略酬以金帛。吐蕃缺望，又举兵为寇。兵锋直逼畿辅，诸将竟“不能得一俘”。穆宗时，其赞普达磨，“嗜酒好猎，凶愎少恩”，吐蕃国势渐衰。武宗时，赞普死，无子，妃綝氏的兄子嗣立。只三岁，綝氏共治其国。别将论恐热不服，作乱。吐蕃的鄯州节度使尚婢婢又不服论恐热，举地来降。公元849年，宣宗恢复河湟之地。明年，沙州首领张义潮等复以河西之地来归。于是唐朝复有河西陇右之地。然河湟一带，吐蕃人杂居的不少。河西也荒芜已甚。到唐朝末年，声教隔绝。河西就复为回鹘所据。陇右也入于蕃族之手。直到宋熙宁中才恢复。这是后话，且待以后再讲。

还有国不甚大，而为害却很深的，便是南诏。南诏，《唐书》说它是哀牢夷之后，其实不然。哀牢夷，在如今云南保山一带。后汉明帝时，始开其地为永昌郡。《后汉书》说它“种人皆刻画其身，象龙文”，又说它“穿鼻儋耳”，这明是马来人种（古代所谓粤族）。南诏则系出乌蛮。乌蛮是和白蛮分别之称，亦谓之两爨（以南北朝时，中国有爨氏王其中。故乌蛮为东爨，白蛮为西爨）。其众在金沙江大渡河流域，就是现在的猓猡（古代的濮族，参看上古卷第六章第五和第六节）。唐时，其众分为六诏（蛮语谓王曰诏。蒙巂诏，在如今四川西昌县——编者注：今为西昌市。越析诏，亦称磨些诏，在如今云南丽江县——编者注：今为丽江市。浪穹诏，在如今云南洱源县。邆赕诏，在如今云南邓川县——编者注：今为邓州市。施浪诏，在洱源县之东。蒙舍诏，在如今云南蒙化县——编者注：今为巍山彝族回族自治县、南涧彝族自治县全境。蒙舍诏地居最南，故亦称南诏）。玄宗时，南诏的酋长波逻阁，合六诏为一，徙治太和城（如今云南的太和县）。玄宗封为云南王。天宝间，剑南节度使鲜于仲通失政。南诏酋长阁罗凤（波逻阁的儿子）北臣吐蕃。仲通讨之，大败。杨国忠调山东兵十万讨之，又大败。于是南诏北陷巂州（西昌县——编者注：今为西昌市），兵锋及清溪关（如今四川的清溪县——编者注：今属汉源县），西川大受其害。然而南诏从归服吐蕃之后，赋敛甚重；吐蕃每入寇，常用其兵做先锋；又夺其险要之地，筑城置戍，南诏深以为苦。当巂州陷时，西泸令郑回为阁罗凤所获，叫他做孙子异牟寻的师父。德宗时，阁罗凤死，异牟寻嗣位，以郑回为相。郑回劝他归唐。西川节度使韦皋也遣使招他。于是异牟寻再归唐朝，和唐朝合力，击破吐蕃。公元802年，西川之患始解。文宗时，异牟寻的孙子劝利在位，又举兵为寇。攻成都，入其郛。劝利死后，子酋龙立。懿宗时，称帝，国号大礼。屡攻岭南，又陷安南都护府（在如今越南的东京——编者注：今指越南北部大部分地区）。唐朝用高骈做安南都护，打败他。南诏又改攻四川，唐朝又把高骈调到四川，把它打破，南诏才不敢为寇。酋龙死后，南诏也衰，和唐朝就无甚交涉了。

西突厥别部，唤作处月，西突厥亡后，依北庭都护府以居。其地在金娑山之阳，蒲类海（如今新疆的巴黑坤湖——编者注：今作巴里坤湖）之阴，有大碛曰沙陀，因号为沙陀突厥。河西既陷，安西北庭，朝贡路绝。肃代后，常假道于回纥。回纥因之，求助无厌。沙陀深以为苦，于是密引吐蕃陷北庭。吐蕃徙沙陀于甘州。久之，回纥取凉州，吐蕃疑心沙陀和回纥交通，要徙其众于河外（黄河之南）。沙陀大惧。公元808年，其酋长朱邪尽忠（“朱邪”二字，就是处月的异译）和其子执宜，悉众三万落归唐。吐蕃追之，且战且走。尽忠战死，执宜以余众款灵州塞。节度使范希朝以闻。诏处其众于盐州，置阴山都督府，以执宜为兵马使。其后希朝移镇河东，执宜举部随往。希朝更处其众于神武川北的黄瓜堆（在如今山西山阴县北），简其精锐，以为沙陀军。懿宗以后，屡次用他征讨，就做了沙陀人据中原的根本了。

第三节　肃代到穆宗时候的藩镇

安史败后，其所署置的诸将皆来降。唐朝用姑息政策，仍旧把原有的地方，给他做节度使。于是：

薛嵩据相卫（军名昭义，治相州，如今河南的安阳县。薛嵩死后，弟萼立，为田承嗣所并）。

李宝臣据恒赵（军名成德，治恒州，如今直隶的正定县——编者注：今为河北正定县）。

田承嗣据魏博（军名天雄，治魏州，如今直隶的清丰县——

编者注：今为河北清丰县）。

李怀仙据范阳（军名卢龙。怀仙为兵马使宋希彩所杀，希彩又给手下人杀掉。推朱泚为节度使。朱泚入朝，以弟滔知留后）。

李正己据淄青（军名平益，治青州，如今山东的益都县——编者注：今为青州市）。

各缮甲兵，擅赋税，相约以土地传子孙。而：

山南东道梁崇义（治襄州，如今湖北的襄阳县——编者注：今为襄阳市），淮西李希烈（治蔡州，如今河南的汝南县），也和他们互通声气。

肃代两世，是专取姑息政策的。德宗立，颇思振作。公元781年，李宝臣死，子维岳请袭，不许。维岳就和田承嗣的侄儿田悦，及李正己，连兵拒命。梁崇义也趁势造反。德宗派河东节度使马燧、神策兵马使李晟，打破田悦。李希烈讨平梁崇义。幽州朱滔也发兵助官军，攻破李维岳。维岳之将王武俊杀维岳以降。事已指日可定了，而朱滔、王武俊怨赏薄，反助田悦，李希烈也反于淮西，于是弄得兵连祸结。公元783年，发泾原军（治泾州，如今甘肃的泾川县）讨李希烈。打从京城过，兵士心上，以为必有厚赏，谁知一点没有，而且吃局又坏，军士大怒，作乱。德宗出奔奉天（如今陕西的乾县）。乱军奉朱泚为主，进攻奉天。幸得浑瑊力战，河中节度使（治蒲州，如今山西的永济县——编者注：今为永济市）李怀光，也举兵入援，朱泚方才解围。德宗所用的宰相卢杞，是奸邪的。舆论都不以为然。怀光既解奉天之围，就奏参卢杞的罪恶。德宗不得已，把卢杞贬斥，然而心实不以为然。怀光一想，这件事做得冒昧了，就也索性造反，和朱泚合兵。德宗不得已，再逃到梁州（如今陕西的南郑县——编者注：今为汉中市南郑区）。这时候，真是势穷力尽了。于是用陆贽的计策，"下诏罪己"，赦了李希烈、田悦、朱滔、李纳（李正己的儿子）、王武俊，专讨朱泚。总算把长安收复，河中也打平，然而山东的事情，就到底虎头蛇尾了。

德宗从奉天还京后，一味信任宦官，注意聚敛，山东的事情，自然无心再管。传了个顺宗，只做了一年皇帝，就传位于宪宗。宪宗即位后，倒居然暂时振作。先是田承嗣死后，传位于侄儿田悦。承嗣的儿子田绪，杀而代之，传位于兄弟季安。季安死后，儿子怀谏幼弱，军中推裨将田季兴为主，请命于朝。宪宗的宰相李绛，劝宪宗因而授之，而且厚赐其军。军士都欢欣鼓舞，于是魏、博一镇，归心朝廷。而淮西吴元济（李希烈虽蒙朝廷赦罪，旋为其手下的将领陈仙奇所杀。希烈的爱将吴少诚，又杀掉陈仙奇，替希烈报仇，朝廷弗能讨。少诚死后，牙将吴少阳杀掉他的儿子而自立。传子元济，不但不奉朝令，还要出兵寇掠），最为悖逆。平卢李师道（李纳传子师古，师古传弟师道）、成德王承宗（王武俊传子士真，士真传子承宗），都和他互相勾结。宪宗发兵讨吴元济，淮西兵既精，而境内又处处筑有栅垒，难攻易守。从公元814年用兵，到公元817年，还不能克。李师道屡次代元济请赦，宪宗不许。师道就派奸细，焚毁河阴转运院军储，刺杀宰相武元衡，又刺伤裴度的头。裴度仍坚主用兵，而且请自往督师。这一年十月里，唐邓节度使李愬，用降将的计策，乘雪夜袭入蒲州。执吴元济，送到京师，杀掉。明年，发诸道兵讨平李师道。卢龙节度使刘总，本以弑父自立（朱滔死，军中推刘怦为留后。传子济，济子总弑而代之），心常不安。及是就弃官为僧。王承宗死后，他的兄弟承元，也束身归朝，肃代以后的藩镇，到此居然削平了。

然而公元820年，宪宗死了。穆宗立，恣意声色，不问政事。宰相萧俛、段文昌，又以为天下已平，不复措意于三镇。于是朱滔的孙子朱克融，乘机再据卢龙。成德将王庭凑，魏博将史宪诚，亦各据镇以叛。朝廷发兵攻讨，多观望不进，粮饷又匮乏，就不得已罢兵。于是再失河北，“迄于唐亡，不能复取”。河北三镇的平定，倒没有满三年。

穆宗后的河北三镇：

（卢龙） 朱克融 李载义 杨志诚 史元忠 陈行泰 张绛 张仲武 张直方（仲武子） 周綝 张允伸 张

公素　李茂勋　李可举　李全忠（可举子）　李匡威（全忠子）　李匡筹（匡威弟，为李克用所破，克用代以刘仁恭）

（魏博）　史宪诚　何进滔　何弘敬（进滔子）　何全皋（弘敬子）　韩允中　韩简（允中子）　乐彦桢　罗弘信　罗绍威（弘信子）

（成德）　王庭凑　王元逵（庭凑子）　王绍鼎（元逵子）　王绍懿（绍鼎子）　王景崇（绍懿兄子）　王镕（景崇子）　张为礼（镕养子）

第四节　宦官的专横

唐朝亡于藩镇，是人人知道的。其实藩镇之祸，还不如宦官之深。为什么呢？藩镇之中，始终抗命的，其实只有河北三镇。其余诸镇，虽也时时有抗命的事情，然而从黄巢作乱以前，显然拒命，始终不能削平的，其实没有。不过外权太重，中央政府陷于威权不振的状态罢了。要是有有为之主，赫然发愤，原未尝不可收拾。然而从中叶之后，也未尝无有为之主，而始终不能振作，则实由于宦官把持朝局之故。宦官所以能把持朝局，又由于他握有兵权之故。所以唐朝宦官之祸，是起于玄宗，而成于德宗的。

唐初的宦官，本没有什么权柄。玄宗叫宦官杨思勖出平蛮乱，又信任高力士，和他议论政治，于是力士“势倾朝野”。权相如李林甫、杨国忠，尚且交结他，至于太子亦“事之以兄”。然而高力士毕竟还是谨慎的。肃宗即位后，宠任李辅国。辅国因张良娣有宠，和他互相结托。后来张良娣立为皇后，又和辅国相恶。肃宗病重了。张皇后要想除掉李辅国，辅国竟勒兵弑后。代宗即位，乃佯尊辅国为尚父，而暗中遣人，把他刺杀。代宗又宠任程元振、鱼朝恩，一味蔽聪塞明，以致吐蕃入侵，兵锋已近，还没有知道，仓皇出走，几乎大不得了。然而这时候，宦官的兵权还不甚大，除掉他毕竟还容易。所以程元振、鱼朝恩，虽然威权赫奕，毕竟各伏其辜。

到德宗从奉天回来，鉴于泾原兵变时候，禁军仓促不能召集，不愿意兵权专归武将；于是就神策、天威等军，置护军中尉、中护军等官，以宦官窦文场、霍仙鸣等为之。又置枢密使，令宦官宣传命令。宦官的势力，从此就根深蒂固了（参看上卷第十五章第一节和第三节）。

顺宗即位，东宫旧臣王伾、王叔文，居翰林中用事，引用韦执谊做宰相，杜佑做度支使，韩泰、刘禹锡、柳宗元等参与谋议，想要减削宦官的权柄。派范希朝做神策京西行营使，以收禁军的兵权。而宦官遣人告诸将，“无以兵属人”。希朝到了奉天，诸将没一个人理他。兵权收不回来，就弄得一筹莫展。于是宦官借口顺宗有病，逼着他传位于太子，是为宪宗。王叔文等一班人，都遭贬斥。这是士大夫和宦官斗争第一次失败。宪宗即位，也信任宦官吐突承璀，教他带兵去征讨。宪宗太子宁早死，承璀要立澧王恽，而宪宗以恽“母贱”，立遂王宥为太子。宪宗晚年，吃了方士的金丹，躁怒无常，为宦官陈弘志所弑。并杀掉吐突承璀和澧王恽，而立穆宗。穆宗和敬宗，都是荒淫无度的。穆宗性尤褊急，左右动辄获罪，也为宦官刘克明所弑。立宪宗子绛王悟。枢密使王守澄又杀掉刘克明和绛王，而立文宗。文宗即位之初，就用宋申锡做宰相，和他谋诛宦官。宦官诬以谋反，文宗不得已，把宋申锡贬斥。又不次擢用李训、郑注，和他们谋诛宦官。于是正陈弘志弑逆之罪，鸩杀王守澄。郑注先出镇凤翔，谋选精兵入京，送王守澄葬，乘势诛灭宦官。还没到期，李训等就先动手，诈言左金吾殿后有甘露降，派宦官去看，想趁此把他们杀掉。谁知事机泄露，中尉仇士良、鱼弘志就劫文宗入宫，以神策军作乱，杀掉李训和宰相王涯、贾餗，凤翔监军也把郑注杀掉（凡监军，都是宦官），于是大权尽入宦官之手，宰相不过奉行文书而已。这是士大夫和宦官斗争第二次失败。文宗一子早死，立敬宗子成美为太子。文宗病重了，仇士良、鱼弘志矫诏立武宗为皇太弟。文宗崩后，武宗杀太子而自立。武宗还算英明，即位之后，渐次夺掉仇士良的权柄。然而武宗也没有儿子。武宗病重，中尉马元贽等定计，立宣宗为皇太叔，武宗死后即位。宣宗留心政治，唐朝人称为“小太宗”。然而也并没夺掉宦官什么权柄。宣宗长子郓王温，无宠。临朝时候，把第三个儿子夔王滋属托枢密使王归长。左军中尉王宗实，又靠着兵权迎立懿宗。懿宗也没立太子，病重时候，中尉刘行深、韩文约共立僖宗。僖宗死后，群臣要立他的长子吉王保。而观军容使杨复綦，又仗着兵权，迎立昭宗。昭宗即位之后，一心要除宦官。于是宦官倚仗着方镇之力，肆行叛逆。毕竟弄得朝臣也借助于方镇，以除宦官，这是士大夫和宦官第三次斗争，就弄得宦官灭而唐亦以亡。总而言之，中央的兵权和机务，都操在宦官手里；六七代的皇帝，都是由宦官拥立，这是历代所没有的。然而其初，不过起于君主一念之差；专制政体的危险，就在这等地方。

第五节　黄巢起义和唐朝的灭亡

藩镇跋扈于外，宦官专权于内，唐朝的天下，自然是弄不好的了。然而还借着流寇做个引线，才弄得四海分崩。

唐朝自经安史之乱，财政困难，税法大坏（参看上卷第十五章第五节），百姓本已苦极不堪了。懿宗时，奢侈尤甚；

加以对南朝用兵，赋敛更重。于是裘甫起义于浙东，总算旋即敉平（公元860年）。而徐、泗的兵戍守桂州的，又因及期不得代起义（公元868年），推粮料判官庞勋为主，北陷徐、宿、滁、和等州，进攻泗州。朝廷令康承训讨之，承训奏请以沙陀兵自随，由朱邪执宜的儿子赤心，带着前去。及战，“所向无前”，居然把庞勋打平。于是赐赤心姓，名曰李国昌，用他做大同节度使［治云州，如今山西的大同县——编者注：今为大同市。旋又移镇振武（治旧时的单于都护府，地在阴山之南）］。沙陀就得了地盘了（徐州，如今江苏的铜山县——编者注：今为徐州市铜山区。宿州，如今安徽的宿县——编者注：今为宿州市。桂州，如今广西的桂林县——编者注：今为桂林市。滁州，如今安徽的滁县——编者注：今为滁州市。和州，如今安徽的和县。泗州，如今安徽的泗县）。

僖宗即位时候，还只有十二岁，一切政事，都交给宦官田令孜。这时候，山东连年饥荒，公元875年，濮州人王仙芝起兵。明年，冤句人黄巢聚众应之。又明年，仙芝在荆南，被招讨使曾元裕打死。黄巢收其余众，从宣州（如今安徽的贵池县——编者注：今为池州市贵池区）入浙东。掠福建，陷广州。旋以军士多疫，还陷潭州（如今湖南的长沙县——编者注：今为长沙市）。从潭州北陷鄂州（如今湖北的武昌县——编者注：今为武汉市武昌区），东南陷饶（如今江西的鄱阳县）、信（如今江西的上饶县——编者注：今为上饶市）；仍趋宣州。由采石渡江，北陷东都，进攻潼关。这时候的神策军，都是富家子弟，贿赂宦官，窜名军籍（借此以避赋役）。实际上并“不能操兵”。用以把持朝政则有余，真个要他去打仗，就不行了。于是多出金帛，雇穷人代行。也都是“不能操兵”的，如何敌得百战的义军？于是潼关失守。田令孜早叫他的哥哥陈敬瑄（田令孜是宦官的养子，本姓陈）去做西川节度使，预备危急时候，再演那玄宗幸蜀的故事了。这时候，就挟着僖宗，出奔成都。黄巢入长安，自称齐帝（公元880年）。

僖宗出奔之后，宰相郑畋、王铎，先后统诸道的兵，以讨黄巢。诸军都不肯尽力；四方藩镇，也都袖手旁观，于是不得不再用沙陀的兵。李国昌做了节度使之后，他的儿子李克用，就做沙陀兵马使，戍守蔚州（如今山西的灵丘县）。蔚州的兵，杀掉防御使段文楚，推他为主，入据云州。朝廷就用李国昌做大同节度使，以为克用必不能拒敌父亲。谁知李国昌也想儿子得一个地盘，倒父子联兵反起来，被幽州节度使李可举打败。父子都逃入鞑靼（见下卷第二章第一节）。这时候，克用的族父李友金，替代北监军陈景思，说请赦李克用的罪，叫他来打黄巢。朝廷听了他。于是公元882年十一月，李克用带着沙陀、鞑靼的兵一万多人南来，连战皆胜。第二年四月，就把长安收复。黄巢逃出潼关，去攻蔡州。节度使秦宗权敌他不过，就投降了他，和他一同造反。公元884年，李克用又出关，把黄巢打死。于是历年的起义，总算被平定。然而李克用就做了河东节度使，沙陀竟进了中原了。

僖宗还京后，田令孜依然用事，垂涎着解州、安邑两个盐池的利益，想把河中节度使王重荣，移到山东。重荣不肯。令孜就结合邠宁（治邠州，如今陕西的邠县——编者注：今作“彬县”）朱玫、凤翔（治岐州，如今陕西的凤翔县）李昌符去攻他。谁知王重荣是李克用的亲戚，克用发兵来救，朱玫、李昌符大败，就反和李克用合兵，杀进京城。僖宗逃到凤翔，又逃到兴元（如今陕西的南郑县——编者注：今为汉中市南郑区）。后来李克用、王重荣，又愿意归顺朝廷，李昌符也和朱玫不合，三人合力，把朱玫攻杀，僖宗才算回京（田令孜逃到西川投靠陈敬瑄）。

公元888年，僖宗死了，杨复恭拥立昭宗。昭宗颇为英明。这时候，李克用攻杀昭义军节度使孟方立（昭义军，治邢州，如今直隶的邢台县——编者注：今为河北邢台市），并邢、洺（如今直隶的永年县——编者注：今属河北）、磁（如今直隶的磁县——编者注：今属河北）三州。又北取云州。朱全忠和河北三镇，都请出兵攻他。昭宗想借此除掉李克用，也就出兵征讨。谁知道全忠和三镇的兵都不出，官军被克用杀得大败，只得把宰相崔濬贬谪，和他讲和。僖宗回京之后，李昌符又作乱，遣李茂贞讨平之，就以茂贞为凤翔节度使。昭宗不要杨复恭带禁军，叫他去做凤翔监军。复恭走到兴元，造反。茂贞又讨平之，于是骄恣得了不得。公元892年，昭宗发禁兵讨李茂贞，茂贞和邠宁节度使王行瑜合兵拒命，把官军杀得大败。昭宗只得把事情都推在宰相杜让能身上，把他杀掉，和他们讲和，于是朝廷的一举一动，都为行瑜、茂贞所制。还有镇国军（治华州，如今陕西的华县——编者注：今为渭南市华州区）韩建，也和他俩结为一党。公元895年，三人一同入朝，竟把宰相韦昭度、李溪杀掉。听得李克用要举兵来讨，才各自还镇。而李茂贞的干儿子李继鹏，做了右军指挥使，又举兵作乱。昭宗逃到石门（镇名，在如今陕西的蓝田县）。幸得李克用举兵，讨斩王行瑜，昭宗才得回京。公元896年，昭宗置殿后四军，派诸王统带。李茂贞本是和宦官一气的，就举兵犯阙。昭宗逃到华州。韩建也和宦官结连，把诸王一齐杀掉。李克用又派兵入援，才把昭宗送还。昭宗回京后，仍和宰相崔胤谋诛宦官。公元900年，中尉刘继述，就把昭宗囚了起来（立太子裕为帝）。崔胤密结神策指挥使孙德昭，杀掉刘继述，奉昭宗复位。然而兵权毕竟还在宦官之手，于是乎不得不借助于朱全忠。

朱全忠，本名温，华州人，是黄巢手下的降将，唐朝用他做宣武节度使（治汴州，如今河南的开封县——编者注：今为开封市）。这时候，黄巢虽灭，而秦宗权又强。如今的河南山东，给他剽掠得几乎没一片干净土。屡次发兵攻击朱全忠，全忠居围城之中，四无应援，而“勇气弥厉”。后来到底把秦宗权灭掉。又东灭朱瑄、朱瑾［朱瑄据兖州（如今山东的南阳县），军名泰宁。朱瑾据郓州（如今山东的东阿县），军名天平］，南并时溥（据徐州），北服河北三镇，西并河中，取义武（治定州，如今直隶的定县——编者注：今为河北定州市），夺据邢、洺、磁三州。连年攻围太原，李克用也弄得自顾不暇，北方的形势，就推全忠独强了。

崔胤要谋诛宦官，宦官挟李茂贞以自重；崔胤就密召朱全忠的兵。公元901年，宦官韩全诲等见事机已急，就劫昭宗走凤翔。这时候，韩建已降顺了朱全忠。公元902年，朱全忠进兵围凤翔。明年，李茂贞抵敌不住，杀掉韩全诲等，把昭宗送到朱全忠营里。于是大杀宦官。回京城后，又杀掉八百多人。公元904年，朱全忠把昭宗迁到洛阳。就是这一年，把昭宗弑杀，立了昭宣帝。公元907年，就禅位于梁。

这时候，方镇割据的，便有：

淮南杨行密（唐朝的庐州刺史。公元886年，淮南节度使高骈，给他手下的将领毕师铎囚了起来。招宣州观察使秦彦到扬州，把高骈杀掉。行密讨诛秦彦和毕师铎，据了广陵。旋秦宗权的将领孙儒来攻，兵力甚厚。行密不能抵御，逃回庐州，又逃到宣州。孙儒发大兵把他围起。幸得孙儒军中大疫，行密趁此把他击斩。仍据广陵，尽有淮南之地。行密死后，子渥又尽取江西）、两浙钱镠（唐朝的杭州刺史。昭宗时，越州观察使董昌造反，钱镠讨灭他。公元896年，就做了镇海镇东两节度，尽有浙东西之地）、湖南马殷（孙儒的裨将。孙儒死后，和刘建锋逃到湖南，攻陷潭州。公元895年，刘建锋给手下的人杀掉，众人推马殷为主，尽据湖南地方）、福建王审知［固始县人，哥哥王潮，做本县的县佐。寿州人王绪造反，攻破固始，用王潮做军正。这时候，秦宗权方强，问王绪要租税。王绪就带兵渡江，南入福建，据了汀（如今福建的长汀县）、漳（如今福建的龙溪县——编者注：今为龙海市）两郡。王绪暴虐，被手下人杀掉，推潮为主。进据泉州（如今福建的晋江县——编者注：今为晋江市）。公元893年，福建观察使陈岩死了，王潮就进据福州。公元897年，王潮死后，王审知接续下去］、岭南刘岩（刘岩的哥哥刘隐，公元905年，做唐朝的岭南节度使。刘隐死后，刘岩接续下去）、剑南王建［王建是田令孜的养子，本来在神策军里。僖宗入蜀之后，田令孜用他做利州刺史（如今四川的广元县——编者注：今为广元市）。后来和田令孜、陈敬瑄翻脸，公元893年，把成都攻破，敬瑄和令孜都被杀。公元897年，又攻杀东川节度使顾彦晖，就尽并两川之地］，还有个虎踞河东的李克用，就变作五代十国之世了。

第三章　五代的兴亡和契丹的侵入

第一节　梁唐晋的争夺

从来读史的人，均有一个谬论，就是：“唐朝有藩镇，所以兵强；宋朝削除藩镇，国内虽然治安，然而兵就弱了，就有辽金元之祸。”这句话，全是误谬了的。宋朝的事情，且待慢慢再说。唐朝的强，是在开元以前，这时候，何尝有什么藩镇？天宝以后，藩镇遍地都是了。然而请看上章第二节所说，唐朝的对外如何？岂但如此，就连一个小小的沙陀，也抵挡不住，听凭它纵横中原；到后来甚至连契丹都引进来。

军事是贵乎严肃的，贵乎能统一的；所以对外能战胜的兵，对内必然能服从命令；骄蹇不用命的兵，对外必不能一战。唐朝就是如此：中叶以后的藩镇，可谓大多数不听朝廷的命令了。然而打一个区区的草寇，还是不济事，还得仰仗沙陀兵。所以李克用一进中原，兵力就“莫强于天下”。然而李克用也不过是一个普通的北族，并不是有什么雄才大略的；所靠的就不过是兵力。所以兵力虽强，依然无济于事；到后来，居然“天下之势，归朱温者十七八”。然而沙陀这个民族，毕竟还有些朝气；唐朝这一班军阀，却早成了暮气了。朱温虽是个英雄，既包围在这种空气里，自然不免受些影响。所以朱温死后，儿子毫无用处，竟给李存勖灭掉。这话是怎么说？大凡在草泽英雄里，要出个角色容易；在骄横的军阀里，要出一个角色难。因为草泽英雄，是毫无凭借的，才情容易磨炼得出；军阀却是骄奢淫逸惯了的，所以在他那个社会中，自然出不出人才来。

梁太祖篡唐之后，公元912年，被次子友珪所弑。第三子友贞，讨杀之而自立，是为末帝。先是公元908年，李克用死了，儿子存勖继立。李克用晚年，也有点暮气；存勖却是“新发于硎”。于是河北三镇及义武，皆为存勖所服［李克用死的一年，魏博罗绍威也死了。梁兵便乘机袭取赵州，进攻镇州。成德王镕，和义武王处直联盟，求救于晋。李存勖为之出兵，败梁兵于柏乡（如今直隶的柏乡县——编者注：今属河北）。幽州刘仁恭为其子守光所囚。李存勖攻之，梁人救之，不胜。梁太祖既死，晋人乘机入幽州，把刘守光杀掉。公元915年，梁人所派的魏博节度使杨师厚死了。梁人想趁势把天雄军分为两镇。军人作乱，迎接李存勖，于是魏博也入于晋］。梁末帝性柔懦，更不是李存勖的对手。尝发兵攻魏州，又想出奇兵袭晋阳，都不成功。晋人却袭取梁的杨刘镇（在如今山东东阿县境），筑了德胜南北两城（就在东阿境内）。梁人就只得“决河自固”。公元923年，李嗣源袭取郓州（如今的东阿县）。梁朝的形势，更为紧急。梁末帝派勇将王彦章去攻郓州，又被李存勖杀掉。这时候，梁国的重兵，都在河外。李存勖用李嗣源的计策，发兵直袭大梁。梁末帝无法，只得自尽；于是梁朝灭亡。

公元923年，李存勖自称皇帝，国号也叫作唐，是为后唐庄宗。灭梁之后，迁都洛阳。庄宗既是个沙陀，又是个军阀，能干得出什么好事情？灭梁之后，自然就志得意满起来，宠任伶人宦官；不问政事，赏赐无度——五代十国，原算不得什么国家，不过是唐朝藩镇的变相。唐朝的藩镇，节度使的废立，是操在军士手里的；这时候，虽然名目变作皇帝，实际上自然还脱不了这种样子。庄宗把方镇上供的钱，都入之内府，以供私用；州县上供的钱，才拨入外府，以供国家的经费。内府“金帛山积”，而外府竭蹶异常。南郊（祭天）赏赐不足，军士就都有怨心；军士心变，军阀的命运就完了。

公元925年，庄宗派宰相郭崇韬，带了他的儿子魏王继岌伐蜀。这魏王，是刘皇后所生。刘皇后本是庄宗的妃子，郭崇韬为她得宠，劝庄宗立为皇后，希冀她领自己的情，宫里可以得一个强援。谁知道刘后反听宦官的话。王建的儿子王衍是很荒淫的。郭崇韬的兵一到，自然马到成功。然而川中盗贼大起，一时未能还兵。就有宦官对刘皇后说：郭崇韬起了异心，恐于魏王不利。刘皇后大惧，忙告诉庄宗，请他把郭崇韬杀掉。庄宗不听。刘皇后就自己下了一条“教”给魏王，叫他杀掉郭崇韬。中外的人，都莫名其妙，于是谣言四起。就在这谣言四起的时候，魏博的兵戍瓦桥关（在如今直隶的雄县——编者注：今为河北雄安）而归的，就据着邺都作乱。庄宗派李嗣源去打。李嗣源的兵也哗变了，劫着李嗣源，把他送进邺城里。李嗣源想条计策，撒了一句谎，邺城里的叛兵，才再放他出来。李嗣源的女婿石敬瑭说：哼！这种糊涂的皇帝，你给手下的兵，劫进叛兵城里，再出来，还想没有罪吗？不如索性反吧。李嗣源一想，不错，就派石敬瑭做先锋，直趋洛阳。庄宗想要拒他，手下的兵，没一个用命，就被伶人郭从谦所弑。于是李嗣源即位，是为明宗。

明宗也是沙陀人，是李克用的养子。这个人在军阀里，却比较地算安分些。在位八年，总算没十分荒谬的事情。公元933年，明宗死了，养子从厚立，是为闵帝。这时候，明宗的养子从珂镇凤翔，石敬瑭镇河东。闵帝想把他俩调动，从珂就举兵反。闵帝派五节度使的兵去打他，都中途即溃。派自己的卫兵去迎敌，到陕州（如今河南的陕县——编者注：今为三门峡市陕州区），又迎降。于是闵帝逃到卫州（如今河南的汲县——编者注：今为卫辉市），被杀。从珂即位，是为废帝。废帝既立，又要把石敬瑭移到天平，石敬瑭也就造反，于是契丹来了。

第二节　契丹的兴起和侵入中原

契丹的祖宗，就是鲜卑宇文氏，已见中古卷第十一章第四节。这一种人，自为慕容氏所破，窜居如今的热河道境。后魏道武帝又把他打败。于是“东西分背”。西为奚，东为契丹。奚人居土护真河流域（如今的英金河），盛夏徙保冷陉山（在妫州西北）。契丹人居潢河之西（如今的西剌木伦——编者注：今作“西拉木伦”），土河之北（如今的老哈河）。奚众分为五部，契丹则分为八部。

古巴部：
- 悉万丹
- 何大何
- 伏弗郁
- 羽陵
- 日连
- 匹絜
- 黎
- 吐六于

唐时八部：
- 达稽（唐以为峭落州）
- 纥便（弹汗州）
- 独活（无逢州）
- 芬问（羽陵州）
- 突便（日连州）
- 芮奚（徒何州）
- 坠斤（万丹州）
- 伏（赤山州匹黎州）

按契丹的部名，见于《魏书》的，《辽史》谓之古八部。其后尝为蠕蠕及高丽所破，部落离散。隋时，才复依托纥臣水而居（土护真河），分为十部，逸其名。唐时，复分为八部。《辽史》说：这八部，“非复古八部矣”。然而据唐朝的羁縻州名看起来，则芬问就是羽陵，突便就是日连，芮奚就是何大何，坠斤就是悉万丹，伏就是匹絜；其余三部，虽不能断定它和元魏时何部相当，然而八部却实在没有变。《辽史》的话是错误了的。

契丹盛强之机，起于唐初。唐太宗时，契丹酋长窟哥内附。太宗把他的地方，置松漠都督府，就以窟哥为都督，赐姓李。别部大酋辱纥主也来降，以其地为玄州（八部也各置羁縻州）。这时候，奚人亦内附，以其地为饶乐都督府。两都督府共隶营州（如今热河道的朝阳县——编者注：今属河北）。武后时，窟哥的后人李尽忠，和归城州刺史孙万荣（这是契丹的另一部。其酋长孙敖曹，以高祖武德四年来降。安置之于营州城旁，即以其地为归城州，万荣是敖曹的孙子）同反。武后发几十万大兵，都不能讨定。到底靠突厥默啜，袭破尽忠之众（这时候尽忠已死）。又借助于奚兵，才把万荣打平。契丹势力的不可侮，于此已见。然而经这次大创以后，契丹也就中衰，附于突厥。公元714年（玄宗开元二年），尽忠的从父弟失活才来降。于是奚酋李大酺也叛突厥来归。唐朝就再置松漠、饶乐两都督府，各妻以公主。公元718年，失活死，从父弟娑固袭爵。为牙将可突干所攻，逃奔营州。营州都督许钦澹为他发兵，并且发李大酺的兵，去攻可突干，大败，娑固及李大酺都被杀（于是奚衰而契丹独强）。可突干立娑固的从父弟郁干。公元722年，郁干死，弟吐干袭，又和可突干不协。公元725年，来奔。国人立其弟邵固。公元730年，为可突干所弑。公元734年，幽州长史张守珪结交契丹部长过折，过折斩可突干来降。即以为松漠都督，旋为可突干余党泥礼所弑。

辽太祖先世世系（据《辽史·太祖本纪赞》）：

雅里——毗牒——颏领——肃祖耨里思——懿祖萨刺德——玄祖匀德实——德祖撒刺的——太祖阿保机（《辽史·耶律曷鲁传》：曷鲁对奚人说："汉人杀我祖奚首，夷离堇。"这奚祖夷离堇，也是太祖的先世。我疑心就是可突干）

遥辇氏九可汗（见《辽史·百官志》）：

津可汗　阻午可汗　胡刺可汗　苏可汗　解质可汗　昭古可汗　耶澜可汗　巴刺可汗　痕德堇可汗

雅里就是泥礼（亦作涅里）。当时推戴他的人很多（见《辽史·耶律曷鲁传》），"让不有国"，而立迪辇阻里（《辽史》说就是阻午可汗）。唐朝赐姓名曰李怀秀，拜松漠都督。公元745年（天宝四年），杀公主叛去。更封其酋李楷落以代之。安史之乱后，契丹服于回纥。公元842年（武宗会昌二年），可汗屈戍（《辽史》说就是耶澜可汗）才来降。咸通（懿宗年号，公元860年至公元873年）中，可汗习尔曾两次进贡（《辽史》说就是巴剌可汗）。公元901年（昭宗天复元年），钦德立为可汗，是为遥辇氏的末主痕德堇可汗。

《辽史·地理志》说：辽之先世，是“有神人，乘白马，自马盂山浮土河而东；有天女，驾青牛，由平地松林泛潢河而下；至木叶山，二水合流，相遇，为配偶，生八子。其后族属渐盛，分为八部”（木叶山，辽属永州，在如今热河道赤峰县东北境——编者注：今为内蒙古赤峰市）。我颇疑契丹所谓八部，就是八子之后，而《辽史》所谓“皇族”“国舅”，却出于八部之外，皇族是代表乘白马的神人，国舅是代表乘青牛的天女。所以隋时其众分为十部，而唐时松漠、玄州，亦在八部之外。皇族是大贺氏、遥辇氏、世里氏，是为三耶律。国舅是乙室已氏、拔里氏，是为二审密。大贺氏之衰，八部仅存其五。雅里就把这五部再分为八（《五代史》载契丹八部是：旦利皆、乙宝活、宝活、纳尾、频没、纳会鸡、集能、奚嗢）；又析三耶律为七，二审密为五，共二十部。三耶律的分，大贺、遥辇，共析为六，而世里氏仍合为一，谓之迭剌部，所以其实力最强。遥辇氏做可汗的时候，实权仍在迭剌部手里。

契丹太祖之兴，据《五代史》说：契丹“部之长号大人。

常推一大人，建旗鼓以统八部。至其岁久，或其国有疾疫而畜牧衰，则八部聚议，以旗鼓立其次而代之；被代者以为约本如此，不敢争。某部大人遥辇次立（按这是误以氏族为人名）。时刘仁恭据有幽州，数出兵摘星岭攻之。每岁秋霜落，则烧其野草。契丹马多饥死。即以良马赂仁恭，求市牧地，请听盟约，甚谨。八部之人，以为遥辇不任事，选于其众，以阿保机代之……是时刘守光暴虐，幽涿之人多亡入契丹；阿保机又间入塞，攻陷城邑，俘其人民；依唐州县，置城以居之。汉人教阿保机曰：中国之王，无代立者。由是阿保机益以威制诸部而不肯代。其立九年，诸部以其久不代，共责诮之，阿保机不得已，传其旗鼓。而谓诸部曰：吾立九年，所得汉人多矣，吾欲自为一部，以治汉城（在如今热河道围场县西南——编者注：今属河北），可乎？诸部许之……使人告诸部大人曰：我有盐池，诸部所食。然诸部知食盐之利，而不知盐有主人，可乎？当来犒我。诸部……共以牛酒会盐池。阿保机伏兵……尽杀诸部大人，遂立不复代”。据《辽史》则太祖是做本部夷离堇，升为大迭烈府夷离堇，再进为于越；痕德堇可汗死，然后即位的。我颇疑所谓建旗鼓以统八部，就是夷离堇之职。至于共主，则自在八部之外，但看唐时松漠玄州，在八部之外可知。大贺、遥辇两氏的可汗，相承具有世次，断不得仅有八部公推的大人。迭剌部、夷离堇，就是后来的北南二大王院，总统部族军民之政，是很有实权的。居了此职，所以可图篡（太祖以前，这一职，或须由诸部公推。所以，大贺、遥辇两氏虽无实权，世里氏还迟迟不能图篡）。

太祖代痕德堇而立，是在公元906年（《辽史》以明年为太祖元年）。当时既能招用汉人，又尽服北方诸部族［契丹所征服的部族甚多，具见《辽史·属国表》——此外还有散见于《本纪》中的。其最有关系的，就是渤海（见第五章第一节）、黠戛斯（征服黠戛斯，则可见契丹的声威已到漠北）、党项、沙陀、鞑靼（这三种人，在今山陕之北。党项，见中古卷第十四章第三节。自为吐蕃所破，跟吐谷浑同逃到中国的北边。鞑靼，见本卷第七章第一节）、回鹘、吐蕃（这是在河西的回鹘，陇右的吐蕃）等］。于是契丹疆域："东至海；西至金山（阿尔泰山），暨于流沙（甘肃新疆的沙漠）；北至胪朐河（克鲁伦河）；南至白沟"（这是取燕云十六州以后的事。以上几句话，据《辽史·地理志》）。就做了北方一个大国了。前此北族的得势，不过一时强盛，总还不脱游牧种人的样子。独有契丹，则附塞已久，沐浴汉人的文化颇深；而且世里氏之兴，招用汉人，也是其中一个原因；所以它的情形，又和前此北族，稍有不同（自李大酺死后，奚人就弱，而契丹独强。终唐之世，契丹人崛强，而奚人常服从。契丹太祖绝后，奚人才服属契丹。后来又一部叛去，依妫州北山射猎，到太宗时才服契丹）。

契丹太祖，起初和李克用约为兄弟，后来又结好于梁，所以李克用很恨他。后唐庄宗时，契丹屡次入寇。这时候，周德威守幽州，弃渝关（如今的山海关）之险，契丹就入据平州（如今直隶的卢龙县——编者注：今属河北），然而和后唐战，总不甚得志。公元926年，契丹太祖死，次子德光立，是为太宗。立十年，而石敬瑭来求救。

石敬瑭造反之后，废帝派张敬达去攻他。石敬瑭便去求救于契丹。许赂以卢龙一道，及雁门关以北之地。部将刘知远（后汉高祖）说：契丹是没有大志的。就要借他的兵，只宜许以金帛，不可为一时之计，遗将来的大患。敬瑭不听。契丹太宗听得石敬瑭求救，便自带大兵南下，把张敬达围了起来。废帝派幽州节度使赵德钧去救，德钧又怀挟异志，投降契丹。于是契丹太宗册石敬瑭为晋帝，挟之南下，打败后唐的兵。废帝自焚死。晋高祖入洛，就割幽（如今的京兆——编者注：今属北京市）、蓟（如今京兆的蓟县——编者注：今属河北）、瀛（如今直隶的河间县——编者注：今为河北河间市）、莫（如今直隶的肃宁县——编者注：今属河北）、涿（如今京兆的涿县——编者注：今为河北涿州市）、檀（如今京兆的密云县——编者注：今属北京市）、顺（如今京兆的顺义县——编者注：今属北京市）、新（如今直隶的涿鹿县——编者注：今属河北）、妫（如今直隶的怀来县——编者注：今属河北）、儒（如今直隶的延庆县——编者注：今属北京市）、武（如今直隶的宣化县——编者注：今属河北）、云（如今山西的大同县——编者注：今为大同市）、应（如今山西的应县）、寰（如今山西的马邑县——编者注：今为朔州市）、朔（如今山西朔县的西北——编者注：今为朔州市）、蔚（如今山西的朔县——编者注：今为朔州市）十六州，送给契丹。从此以后，中原的形势，就如负疽在背了［《辽史·兵志》：“每南伐，点兵多在幽州北千里鸳鸯泊……皇帝亲征，至幽州……分兵为三道……至宋北京，三路兵皆会……大抵出兵不过九月，还师不过十二月。若帝不亲征，则以重臣统率往还，进以九月，退以十月……若春以正月，秋以九月，则不命都统，只遣骑兵六万，于界外三百里内，耗荡生聚，不令稳养而已。”观此，则辽人之侵宋，殆视为每岁当然之事。宋朝北边的所以凋敝，实由于此。而其所以然，则全由于幽州割让，北边无险可守（河东虽割云州，仍有雁门内险，受害便不甚深）。所以《辽史》说：“宋惟太宗征北汉，辽不能救。余多败衄。纵有所得，亦不偿失。良由石晋献土，中国失五关故也。”可见燕云十六州的割让，于中国关系极大。这种内争的武人，真是罪大恶极］。

然而石晋自身，也就深受其害。当石晋高祖时候，事契丹甚谨，内外诸臣也有许多不忿的。高祖深知国力疲敝，不能和契丹开衅，始终十分隐忍。公元942年，石晋高祖卒，兄子重贵立，是为出帝。出帝的立，侍卫景延广颇有功劳。于是用他和高祖旧臣桑维翰，同做宰相。景延广这个人，是很冒昧的。立刻就罢对辽称臣之礼，对于辽人交涉，一味强硬。于是兵衅遂开。战争连年，虽亦互有胜负，然而这时候，国力既已疲敝，诸藩镇又各挟异心，到底难以支持。公元946年，晋将杜重威叛降契丹。契丹兵就入大梁，把出帝捉去（晋高祖入洛的明年，迁都于汴）。

明年，契丹太宗入大梁。然而这时候，辽人全不知治中原之法。一味想搜括中原的钱财，搬到本国去。于是派使者分路出去“括措财帛”。又用子弟亲信做诸州节度刺史，也全是外行，用了一班汉奸，做出许多荒谬的事情。又辽国的兵制，有一种“打草谷军”，是军行时，专出去剽掠的。既入中原之后，依然行用此法。于是叛者蜂起。契丹太宗没法，只得北还，行至滦城（如今直隶的滦县——编者注：今属河北）而死。先是契丹太祖的长子，名倍。太宗是次子。太祖后述律氏，喜欢太宗。于是灭掉渤海之后，封倍为人皇王（太祖号天皇，述律氏号地皇后），以镇其地。人皇王逃奔后唐（废帝死时，把他杀掉）。于是太宗袭位。述律后第三个儿子唤作李胡，最为横暴。太宗死后，辽人怕述律后又要立他，就军中推戴世宗。述律后怒，叫李胡发兵拒战，兵败，乃和世宗讲和［后来述律后和李胡又有异谋。世宗幽后于木叶山，把李胡囚在祖州（在如今热河道林西县境——编者注：今属内蒙古）。事情才算了结］。

后汉高祖刘知远，也是沙陀人。石晋高祖南下，派他留守太原。契丹攻晋时，他按兵守境，好像是守中立的样子。辽太宗北还后，才在太原称帝。太宗死后，乃发兵入大梁。诸镇降辽的，都复来归。辽世宗因国内有难，无暇顾及南边，于是中国又算恢复。

第三节　周世宗的强盛和宋朝的统一

后汉高祖入大梁后，第二年就死了。子隐帝立（公元948年）。高祖旧臣杨邠（总机政）、郭威（主征伐）、史弘肇（典宿卫）、王章（管财赋），分掌国事。隐帝厌为所制，公元950年，把杨邠、史弘肇、王章都杀掉。郭威方统兵防辽，隐帝又要杀掉他。郭威还兵，把隐帝攻杀。高祖的兄弟刘崇留守太原。本和郭威不协。这时候，郭威扬言要迎立他的儿子（名赟）。刘崇就按兵不动。郭威旋出军御辽，至澶州（如今直隶的濮阳县——编者注：今为河南濮阳市），为军士所拥立，还大梁，是为后周太祖。差人把刘崇的儿子杀掉。于是刘崇称帝于太原，是为北汉。遣使称侄于辽，世宗册之为帝（更名旻）。

公元954年，周太祖卒，养子世宗立。北汉乘丧，借辽兵来伐，世宗大败之于高平（如今山西的高平县——编者注：今为高平市）。世宗是个奋发有为的人，于是富国强兵，立下了一个安内攘外的计划，就做了宋朝统一事业的根本。

五代时候的禁卫军，原是唐朝藩镇的兵；这种兵，用以挟制主将则有余，真个要他见仗则不足，我前面已经说过了。后唐庄宗、闵帝、废帝的相继败亡，也未必不由于此。周世宗从高平打仗回来，才深知其弊。于是大加简汰；又在诸州招募勇壮，以补其缺；同时又减裁冗费，整顿政治，于是国富兵强了。

这时候，辽世宗已死，穆宗继立（公元951年），沉湎于酒，不恤国事，国势中衰。然而北汉、南唐、后蜀等，还想凭借其力，以震动中原（北汉本是靠辽立国的，南唐、后蜀，也特差使臣，和辽通问）。周世宗想要伐辽，就不得不先用兵于南唐、后蜀。

南唐李昪，是篡吴得国的［吴当杨渥时，兵权尽入于牙将张颢、徐温之手。公元908年，颢、温共弑渥，而立其弟隆演。温又杀颢，于是大权尽归于温。温出镇升州（如今江苏的江宁县——编者注：今为南京市江宁区），留子知训在江都辅政，为副都统朱瑾所杀。温养子知诰戡定其乱，代知训辅政。徐温死后，大权就归于知诰。公元937年，隆演的弟溥，禅位于知诰，复姓李，更名昪，国号叫作唐］。传子李璟，文弱不能有为，国势实弱。然南唐土地本大，李璟又乘闽楚之衰，把它吞并［闽王审知，传子延翰，为弟延钧所弑。延钧袭位，更名璘。自以国小地僻，常谨事四邻。颇为安稳。公元935年，璘为其下所弑。子继鹏立，改名昶。公元937年，又遇弑。审知少子延曦立，延曦的兄弟建州刺史延政，和他相攻。公元944年，延曦为其下所弑，延政即位，还没有迁到福州。明年，被唐兵围起来，灭掉。马殷传子希声。希声传弟希范。湖南多产金银，又有茶利，国颇殷富。希范奢侈无度，重加赋税，才弄得民穷财尽。公元952年，希范卒，弟希广立。庶兄希萼守朗州（如今湖南的武陵县——编者注：今为常德市武陵区），以年长不得立，怨望庶弟希崇，和他合谋。于是希萼入潭州，把希广杀掉，自立。又为希崇所囚，希崇把他安置在衡山（如今湖南的衡山县）。又有人奉以举事。崇惧，请兵于唐。公元951年，唐兵入潭州，希崇降］，于是颇有自负的意思。后蜀主孟昶，也是昏愚而狂妄的（后蜀孟知祥，是后唐的西川节度使。明宗末年，安重海为相，和东川节度董璋不协。璋举兵反，明宗使石敬瑭讨之。知祥和董璋并力，敬瑭不能克。罢兵。公元931年，知祥攻杀董璋，兼有两川之地。公元938年，知祥卒，子昶继立）。都想交结契丹，以图中原，公元956年，周世宗遣兵伐蜀，取阶（如今甘肃的武都县——编者注：今为陇南市武都区）、成（如今甘肃的成县）、秦（如今甘肃的天水县——编者注：今为天水市）三州。第二年，自将伐唐，屡破其兵，尽取江北之地。公元958年，遣舟师入江。唐人只得割江北请和，称臣于周，奉其正朔。

公元959年，周世宗自将伐辽，取瀛、莫、易三州，置雄（如今直隶的雄县——编者注：今属河北）、霸（如今直隶的文安县——编者注：今为河北雄安）二州（自此，中国和契丹以瓦桥关为界），遂趋幽州。辽将萧思温不能抗。请救于穆宗，穆宗沉湎于酒，又不时应。幽州大震。不幸世宗有病，只得班师。不多时，世宗死了。儿子梁王宗训立，是为恭帝，还只七岁。未几，就有陈桥驿（在如今河南开封县东北——编者注：今为开封市）兵变的事情。

宋太祖赵匡胤，本是后周太祖、世宗两代的将领，屡立战功。这一次事情，是和后周太祖的篡汉如出一辙的（大约竟是抄老文章。大凡人心看惯了一件事，很容易模仿，所以“恶例不可轻开”）。当时传言辽人入寇，太祖带兵去防，走得不多路，就给军士所拥戴了。太祖既袭周世宗富强之余，而这时候，割据诸国又没一国振作的，统一的事情，自然容易措手。公元963年，先平定了湖南和荆南（马希萼时，朗州将领王逵、周行逢据州以叛，推辰州刺史刘言为主。南唐破潭州后，不久，仍为王逵等所得，受命于后周。后来王逵攻杀刘言，又为裨将潘叔嗣所杀。周行逢讨诛叔嗣，平定湖南。公元962年，行逢卒，子保权年幼。

行逢遗命，说衡州刺史张文表一定要造反。若不能敌，可请命于朝。明年，文表果然袭取潭州，将攻朗州。朗州人就到宋朝请救。南平高继兴，本梁将。公元905年，梁太祖用他做荆南节度使，有荆、归、峡三州。后唐庄宗灭梁，继兴入朝。唐封为南平王。继兴见庄宗政乱，知道不能久存，还镇后，遂谋自保之策。从此南平在实际上，就自立为一国。继兴传子从晦，从晦传子保融，保融传弟保勖，保勖又传保融子继冲，凡五世。宋朝派慕容延钊、李处耘去救朗州，就假道于南平，把它袭灭。南平灭时，张文表已被朗州将杨师璠打平。而宋朝仍进兵不已，到底直逼朗州，把保权擒获）。公元965年，灭后蜀（孟昶降）。公元969年，平南汉（南汉刘隐死后，弟龑继立，极其侈虐。龑传子玢，玢传弟晟，皆耽于游宴，政治愈坏。晟传子𬬮更为昏暴，而屡侵宋边，遂为宋所灭）。公元975年，灭南唐（南唐事中国最谨。公元961年，李璟卒，子煜立。宋以“征其入朝不至”为名，公元974年，派曹彬去伐它。明年十一月，把它灭掉）。公元978年，吴越王钱俶遂纳土（钱镠传子元瓘，元瓘传子佐，佐传弟倧，倧传弟俶，凡五世）。只有北汉，倚恃辽援，宋朝攻它几次，未能得志。太祖和赵普，也因北汉捍御西北两面（北指契丹，西则当时甘肃地方亦在化外），所以姑置为缓图。到公元979年（太宗太平兴国四年），天下已定，太宗便大举伐北汉。分兵败辽援兵。于是北汉也灭掉。唐中叶后的分裂，到此才算统一。

宋朝的太祖、太宗，都可以算能祖述周世宗的人物。但是彼此的政策，似乎有一异点。周世宗之意，似乎是想先破辽，恢复幽州的（对于以后，作何策划，无从揣测）。伐后蜀，伐南唐，不过是除掉后患，以便并力向前的意思。宋太祖、太宗，却是先平定内难，然后从事于辽。大约是“先其易者”的意思，原也不失为一种政策。但是辽当穆宗在位，实在是有隙可乘的时候。景宗初年，南边也未能布置得完密（穆宗死于公元969年。已在太祖代周之后近十年）。此时努力进取，颇较后来为容易。失此机会，颇为可惜。

还有宋太祖和太宗的继承，这件事，也是所以结五代之局的。据《宋史》说：太祖母杜太后死时，太祖和赵普，都在榻前受遗命。太后问太祖：“汝知所以得天下乎？”太祖说：“皆祖考及太后之余荫也。”太后说：“不然。正由周氏使幼儿主天下尔。汝百岁后，当传位汝弟。”云云。太祖顿首受教。于是太后叫赵普把这件事笔记下来，藏之金匮。太宗在太祖时，是做开封尹的。即位之后，就以秦王廷美为开封尹。征辽之役，德昭也从行。有一次，军中夜惊，失掉太宗所在，有人谋拥立德昭。太宗知之，不悦。失利而归，并太原之赏，也搁置不行。德昭为言。太宗怒曰：“待汝自为之，未晚也。”德昭退而自刎。公元981年（太平兴国六年），秦康惠王亦卒。太祖四个儿子都没有了。又有人告秦王骄恣，将有阴谋。乃罢其开封尹，以为西京留守。时赵普和卢多逊，互相排挤。赵普失掉相位，就上疏自陈与闻顾命的事情；太宗又发现了金匮的誓书，于是再相赵普。把卢多逊和廷美两人，罗织成狱。多逊窜死崖州（**如今广东的崖县——编者注：今属海南三亚市**）。廷美房州安置，忧悸而死。太宗就传位于自己的儿子了。这许多话，自然不是这件事情的真相。“斧声烛影”等说（**出于李焘《长篇》**），也是“齐东野人”之谈。我说太祖篡周，太宗原是与闻其事的。当时一定早有“兄终弟及”的成约。杜太后遗命等话，都是子虚乌有的。这件事，也不过结五代“置君如弈棋”的局面罢了。

辽系图

（一）太祖耶律亿（**原名阿保机**）┬倍—（三）世宗阮—（五）景宗贤—（六）圣宗隆绪
└（二）太宗德光—（四）穆宗璟
（六）圣宗隆绪—（七）兴宗宗真——（八）道宗洪基—濬—（九）天祚帝延禧

五代系图（**十国已见前。后唐、石晋、后汉都是沙陀人**）

（梁）（一）太祖朱晃—（二）末帝友贞

（唐）李克用┬（一）庄宗存勖
└（二）明宗亶（养子）┬（三）闵帝从厚
└（四）废帝从珂（养子）

（晋）┬（一）高祖石敬瑭
└敬儒—（二）出帝重贵

（汉）（一）高祖刘知远—（二）隐帝承祐

（周）（一）太祖郭威—（二）世宗荣（养子）—（三）恭帝宗训

杜太后
- 邕王元济（早亡）
- 太祖
  - 滕王德秀（早亡）
  - 燕懿王德昭
  - 舒王德林（早亡）
  - 秦康惠王德芳
- 太宗
- 秦王廷美
- 夔王光赞（早亡）

宋系图

赵弘殷
- （一）太祖匡胤
  - 德昭 —惟吉 —守度 —世括 —令稼 —子爽 —伯旿 —师意 —希瓐
    - （十四）理宗昀
    - 福王与芮 —（十五）度宗禥
      - （十六）恭宗㬎
      - （十七）端宗昰
      - （十八）帝昺
  - 德芳 —惟宪 —从郁 —世将 —令绘 —子称 —（十一）孝宗昚 —（十二）光宗惇 —（十三）宁宗扩
- （二）太宗光义
  - （三）真宗恒 —（四）仁宗祯
  - 元汾 —允让 —（五）英宗曙 —（六）神宗顼
    - （七）哲宗煦
    - （八）徽宗佶
      - （九）钦宗桓
      - （十）高宗构

第四章　北宋的积弱

第一节　宋初和辽夏的交涉

宋太祖专力平定国内，对于北方，是取守势的［史称太祖使李汉超屯关南（瓦桥关），马仁瑀守瀛州，韩令坤镇常山（如今直隶的正定县——编者注：今属河北），贺惟忠守易州，何继筠镇棣州（如今山东的惠民县），以拒北狄。郭进控西山（卫州刺史兼西巡检），武守琪戍晋州（如今山西的临汾县——编者注：今为临汾市），李谦溥守隰州（如今山西的隰县），李继勋镇昭义，以御太原。赵赞屯延州（如今陕西的肤施县——编者注：今为延安市宝塔区），姚内斌守庆州（如今甘肃的庆阳县——编者注：今为庆城县），董重诲守环州（如今甘肃的环县），王彦昇守原州（如今甘肃的镇原县），冯继业镇灵武，以备西夏。都待之甚厚，给他们的钱也很多，军中的事情，都得以便宜从事。由是二十年无西北之虞，得以尽力东南］。到太宗时候，中原既已全定，就想乘此攻辽，恢复燕云。然而辽自景宗即位以后，已非复穆宗时的腐败；这时候，辽距开国未远，兵力还强；又有耶律休哥等良将；所以太宗北伐，竟无成功。

太宗既灭北汉之后，就进兵攻辽。克顺蓟二州，进攻幽州，兵势颇锐。已而辽将耶律休哥来援，王师败绩于高梁河。公元982年，辽景宗卒，圣宗立。年幼，太后萧氏同听政。专任耶律休哥以南边之事，形势益强。而太宗误听边将的话，以为辽女主当国，有隙可乘。公元985年，再命曹彬、潘美、田重进，分道北伐。彬出雄州，取涿州，为耶律休哥所败。潘美出雁门，取寰、朔、应、云四州，亦为辽将耶律斜轸所败。太宗遂急召田重进还师（田重进是出飞狐口的）。

从这两次以后，宋朝就不能进取，而契丹却屡次南侵。公元997年，太宗崩，真宗立。公元999年，辽圣宗自将入寇，至澶州。遣偏师渡河，掠淄、青。真宗自将御之，次于大名。契丹乃还。公元1004年，圣宗和太后，又大举入寇。到澶州，中外震骇。群臣多主张迁都，幸而宰相寇准，力主亲征。于是车驾渡河，次于澶州。辽人不意真宗亲出；这时候，圣宗和萧太后亲在行间，用兵也不免偏于迟重些。前锋攻澶州，又不利；

统军萧挞凛中弩箭而死。于是用宋朝降将王显忠介绍，和宋朝议和，索价是要关南之地。磋议的结果，以岁币银十万两，绢二十万匹成和；辽主称真宗为兄，真宗称萧太后为叔母。

宋朝对于契丹，虽始终不能得志，然而从公元1004年成和之后，到公元1122年，再开兵衅，差不多有百二十年。其间只有辽兴宗初立的时候，看见国家富强，慨然有取关南之意，差刘六符等来求地（公元1042年）。宋朝遣富弼报之，弼力言用兵则利在臣下，言和则利在主上；反复开陈，兴宗才算取消用兵的意思（这句话，是出于《辽史》上的，所以可信）。但增加岁币银绢各十万两匹。这一次，又争岁币用“纳”字用“贡”字。据《宋史》说，是用纳字；据《辽史》说，则是用贡字的。没有第三者做证据，也无从判决其真假。总而言之，宋朝对辽朝的交涉，是始终处于弱国的地位的。然而言和甚久，实际上受害还不算厉害。实际上受害最厉害的，倒在西夏。

西夏出于党项。始祖名拓跋赤辞（大约是鲜卑人在党项中做酋长的），唐太宗时归唐。他的后人，有一个唤作思恭的，讨黄巢有功。唐朝赐以国姓，用他做定难节度使，世有夏（如今陕西的怀远县——编者注：今为横山县）、银（如今陕西的米脂县）、绥（如今陕西的绥德县）、宥（鄂尔多斯右翼后旗）、静（如今米脂县北）五州。宋太宗时，其后人李继捧入朝，尽献其地。继捧的兄弟继迁，叛走地斤泽（在夏州东北三百里，如今怀远县境——编者注：今为横山县）。公元985年，袭据银州，明年，降于辽。公元988年，宋人仍用李继捧做定难节度使（赐姓名赵保忠），想要招徕他。继迁请降，宋人也用为银州观察使（赐姓名赵保吉）。旋继迁又叛，继捧也与之合。宋朝讨擒继捧，而继迁卒不能获。公元1002年，继迁陷灵州，改为西平府，迁居之（元昊又改名兴州）。明年，陷西凉府。旋被吐蕃族潘罗支所攻，中流矢而死（参看第四章第四节）。子德明立。使子元昊，西取河西（这时候，河西为回鹘所据）。德明在位凡三十年，总算没有窥边。公元1032年，德明卒。元昊嗣立，宋朝的边患就起了。

元昊是西夏一个豪杰，他是兼吸收唐朝和吐蕃两种文明的（所以《宋史》说他"晓浮屠法，通蕃汉文字"。参看中古卷第十四章第三节），所以即位之后，西夏的情形，就焕然丕变（定官制，造文字，设立蕃学汉学，区划郡县，分配屯兵，具见《宋史·西夏本传》）。公元1039年，元昊举兵反。宋朝初令范雍、夏竦，分守鄜延、环庆和泾原、秦凤。旋用夏竦做陕西招讨使，韩琦、范仲淹两个，做他的副手。韩琦主张出兵，范仲淹主张坚守；两人议论不协，出兵的事情，就没有成功。西夏人来攻，韩琦的副将任福，倒大败于好水川（在甘肃隆德县东）。范仲淹又擅和夏人通信。于是韩、范和夏竦都被罢免，用陈执中代之。后来又用韩琦守秦凤，王淞守泾原，庞籍守鄜延，范仲淹守环庆，也总是不能得利。公元1043年，元昊虽屡打胜仗，而国中也觉得困敝，才遗书庞籍请和。明年，和议成，宋朝封他为夏国王。岁赐银绢茶彩，共二十五万五千。元昊的反叛，虽也不过五年，然而宋朝用兵的耗费，和沿边的破坏，所受的损失甚大。陕西地方，元气差不多始终没有恢复（西夏兼吸收中国和吐蕃的文明，有二百多年历史，规模很有可观。可惜记载极为缺略。《西夏纪事本末》一书，搜辑得还算完备。可以参考）。

西夏系图［从（一）到（八）为定难节度使的传授］

（一）李思恭—某—（三）彝昌

（二）思谏

思忠—仁颜—彝景—光俨—（九）太祖继迁—（十）太宗德明

（十一）景宗曩霄（本名元昊）—（十二）毅宗谅祚—（十三）惠宗秉常

（十四）崇宗乾顺—（十五）仁宗仁孝—（十六）桓宗纯祐

越王仁友—（十七）襄宗安全

某—颜宗—（十八）神宗遵顼—（十九）献宗德旺

清平郡王—（二十）末帝晛

（四）仁福（彝昌族子）—（五）彝兴—（六）克睿

（七）继筠

（八）继捧

第二节　宋初的政策和后来腐败的情形

宋朝的对外，既如此失败，而内政也日即于腐败。原来宋初所患的便是：禁军的骄横，藩镇的跋扈。

禁军是承五代的余习，时时想把天子卖给别人（这时候的天子，原是节度使变的。他们看了他，还和前此的节度使一样，卖一次，总有一班人得升官发财）。藩镇之所以跋扈，是由于他一个人常兼统数郡；既有兵权在手里，支郡（节度使所管而非其所治的，谓之支郡）自然被他压倒，于是先把财政把持起来；地方上的款项，都用“留使”“留州”的名目，开销净尽；只把一小部分“上供”给国家。这还是表面上服从中央的，和中央断绝关系的，就自然一个大钱也没有了。既有了钱，就再拿来养兵，以违抗中央政府。

宋太祖得天下之后，自然首先要除掉这种弊病。所以乾德初，就面讽带禁军的石守信等，解除兵柄；开宝初，又因藩镇王彦超等入朝，讽他们也把兵柄解除（参看《宋史》诸人的本传）。这就是所谓“杯酒释兵权”，不至于时时怕“肘腋之变”。外面有兵柄的，又先去掉几个，事情自然就好办了。于是以后节度使有出缺的，就都用文臣代他。

命以前节度使所管的支郡，都直隶京师。

在诸州设立通判，一切事情，皆得直达朝廷。

各路皆设转运使，以管理一路的财赋。诸州的经费，除本地的开支外，悉送阙下。

各州精壮的兵，都送到京师，升为禁军。其留本州的，谓之厢军；大都老弱，而且不甚教阅，不过给役而已。

各处要兵防守的地方，再派中央的兵出去，一年一换，谓之“番戍”。

这种政策推行以后，中央集权的形势就很稳固；唐中叶以后的弊病，就都除掉了。然而日久便腐败起来。你道为什么？原来：

一、宋初务弱外兵。其后，中央的军政不加整顿，禁军也弄得很腐败。番戍原是叫兵士习劳的意思，然而不熟悉戍守地方的形势，以致遇有战事，毫无用处（**西夏造反的时候，陕西屯兵数十万，然而缓急时候，仍旧要倚仗民兵。后来就大签乡民为兵，弄得十分骚扰**）；倒反借此要索衣粮，看得出戍一次，是一个要钱的机会。又历代厢军升为禁军的很多，每遇荒年，又把招兵看作救荒的政策，于是兵数骤增。

开宝（太祖年号，公元968年至976年）　378000人

至道（太宗年号，公元995年至997年）　666000人

天禧（真宗年号，公元1017年至1022年）　912000人

庆历（仁宗年号，公元1041年至1048年）　1259000人

治平（英宗年号，公元1064年至1067年） 1162000人

二、在财政上，宋初用度尚小；平吴、蜀、江南、荆南、湖南、南汉诸国，都颇得其蓄积，所以颇称富饶。后来兵多而官也多，真宗又因外交上的关系，去封泰山，祠汾阴（这件事，散见于《宋史》寇准、丁谓、王旦、王钦若诸人传中，然而并不是真相。据《宋史》说：澶渊之役，寇准主亲征，王钦若主迁都。和议既成，真宗颇优待寇准，寇准也自鸣得意。王钦若内怀惭愧，就对真宗说：澶渊之役，实在是“城下之盟”，寇准以陛下为“孤注”耳。真宗颇以“城下之盟”四字为耻，问他有什么法子可以雪耻。王钦若说：只有封禅。于是妄言有天书降，就出去封泰山，祠汾阴。以封禅为雪耻的方法，真宗愚不至此。宋朝人素好说话，果然如此，断不能不起哄的；然而当时也并没有多少人反对，可知其中一定别有用意。《真宗·本纪赞》说：“契丹，其主称天，其后称地，一岁祭天，不知其几；猎而手接飞雁，鸨自投地，皆称为天赐。祭告而夸耀之。宋之诸臣，意者欲假是以动敌人之听闻，而潜销其窥伺之心欤？……”颇得当时的真相），未必吓得倒敌人。而因此大兴土木，广营斋醮，财政的耗费，倒弄得一天大似一天；仁宗在位岁久，万事因循；更加以陕西的用兵，财政更形竭蹶。原来宋朝最为无名的费用，是“郊祀”［祭天

时的赏赐。至道末，五百余万缗。景德（真宗年号，公元1004年至1007年）七百余万缗。仁宗时，一千二百余万缗］、“养兵”、“宗室吏员冗禄”［真宗时，九百七十八万五千缗。仁宗时，一千二百万缗。治平视皇祐（仁宗年号），增十之三。元祐（哲宗年号）则一倍皇祐，四倍景德］三项，其数都日有加增。所以它的岁入，是：

至道末	22245800缗
天禧末	150850100缗
皇祐元	126251964缗
治平二	116138405缗

天禧末的岁出，是126775200，还有盈余。治平二年的岁出，是120343174，再加以非常出（临时经费）11521278，就不足15726047了。

三、宋朝的政治，还有一种毛病，便是防弊太甚。不但削弱外官的权柄，便对于中央的官，也是如此。唐中叶以后，因为宦官掌握兵权，枢密使一职，就渐渐尊重，前面已经说过了（上卷第十五章第一节，本卷第一章第四节）。却到五代时，还相沿设立此官，改用士人，宋朝也是如此。又唐朝中叶以后，因财政紊乱，特设度支使一官，以整理财政，又因这时候，盐铁两项，都是入款的大宗，又特设盐铁使一官。宋朝都没有裁掉，于是合户部度支盐铁为一个机关，谓之三司。就成一个“中书主民，枢密主兵，三司理财”的局面。宰相的权柄太小（当时的人说：财已匮而枢密还是添兵；民已困而三司还是敛财；中书看着民困，而不能叫三司宽财，枢密减兵。这就是行政不统一的毛病），而谏官的气焰却极盛。这个一者因宋初的君主，要想防制权臣，特借台谏以重权（苏轼说：“历观秦汉，以及五代，谏诤而死，盖数百人；而自建隆以来，未尝罪一言者；纵有薄责，旋即超升。许以风闻，而无官长。风采所系，不问尊卑。言及乘舆，则天子改容；事关廊庙，则宰相待罪。故仁宗之世，议者讥宰相但奉行台谏风旨而已”）。二者，也因为五代时候，风俗大坏，气节扫地，发生了一种反动力。宋朝的士夫，就多有“务为名高”“好持苛论”的气习。喜欢求名，就遇事都要起哄，到后来就弄成一种群众心理的样子。好持苛论，便彼此不能相容，就弄得互相嫉忌，不免要用不正当的“竞争”“报复”手段——所以喜欢结党，喜欢排挤，喜欢标榜，喜欢攻击，差不多是宋朝士大夫人人同具的气习。恭维自己的同党，便说得比天还要高；毁骂异党的人，就说得连禽兽也不如。叫后世读史的人疑惑，这时候，何以君子这样多，小人也这样多，其实谁也算不得君子，谁也不定是小人，不过是风气已成，人人为群众心理所左右。其中起哄得最厉害的，就是英宗时所谓“濮议”，欧阳修有一篇文章，记这件事情，颇为穷形尽相。惜乎太长，不能抄录；读者诸君，可自己取来看一遍［宋朝的党祸，实在是从真宗时闹起的。当时王钦若和寇准，就互相排斥。读史者都说寇准是君子，王钦若是小人。天书一件事，似乎是王钦若等几个人弄出来的。其实寇准也并没反对，而且也上书献符瑞。可见得两派之争，其中并没甚政见的异同了。天书的事情，丁谓是其中一个有力的人物，因为丁谓是做三司使，全靠他筹了款来，然后封禅等事得以举行的。真宗末年，复相寇准。真宗的皇后刘氏，“警悟，晓书史”，颇与闻政事。真宗末年久病，事情更都是皇后管的。内侍周怀政，不知怎样，忽然想请太子监国（刘皇后无子，后宫李氏生子，刘后取为己子，叫杨淑妃抚养他；后来立为太子，这便是仁宗），去同寇准商量，寇准亦以为然。后来事情泄露了，便罢寇准，代以丁谓。怀政忧惧，要想废刘皇后，杀掉丁谓，再相寇准，而逼真宗传位于太子。事情又泄露了，于是诛怀政，贬寇准，诏太子开资善堂，引大臣决事，而后裁制于内。这件事情，据《宋史》说：想叫太子监国，原是真宗的意思，不过对周怀政说及，而怀政出去告诉寇准的。然而羌无证据。若果如此，周怀政也不负多大的责任，何至于就想废皇后杀宰相呢？若本来周怀政和寇准毫无关系，废掉皇后，杀掉宰相，去请他来再做宰相，寇准又如何肯来呢？所以这件事，殊为可疑。寇准既贬，丁谓自然得法了。未几，真宗去世，丁谓和内侍雷允恭去营视山陵。雷允恭误听人言，把皇堂移了一块地方。太后叫王曾去复看。王曾就说他“包藏祸心，有意移皇堂于绝地”，借此把丁谓挤去。这种手段，殊不正当，而宋人却非常赞美他。丁谓既罢，代以王曾。后来吕夷简做宰相。吕夷简这个人，《宋史》上也说他不大正当的。然而也没甚显著的坏处。仁宗是李宸妃所生，当刘太后在日，始终自己没有知道。刘太后死后才有人对他说起。于是仁宗大恸，去易棺改葬。先是李宸妃死的时候（李氏本是顺容，疾急时，进位为宸妃），刘太后本要“用宫人礼治丧于外”。吕夷简对太后说：“礼宜从厚。”又对承办丧事的内侍罗崇勋说：“宸妃当用后服敛，以水银实棺。异时莫谓夷简未尝言也。”罗崇勋也听了他。及是，仁宗开棺验视，妃“玉色如生，冠服如皇太后”，乃叹曰：“人言其可信哉。”（当时告诉仁宗的人，说宸妃是死于非命）待刘氏加厚。吕夷简这种事情，读史的人，不过说他有心计，能替刘氏打算，其实这等处，消弭掉无数无谓的风潮。不然，早就兴起大狱来了。仁宗即位之后，吕夷简仍做宰相。仁宗的皇后郭氏，因和尚美人、杨美人争宠，自己去批尚美人的颊。仁宗自起救之，误批上颊。仁宗大怒，要废掉郭后，吕夷简不曾反对。这时候，孔道辅做台长，率谏官范仲淹等力争。一时都遭贬谪。这件事，宋人也算它一件大事情的。西夏既和之后，仁宗用夏竦做枢密使。谏官欧阳修等攻之，说他是奸邪。竦才到京城，就罢去。代以杜衍。于是国子监直讲石介就做了一首《庆历盛德诗》，以称美仁宗。杜衍之党，和夏竦之党，就互相指目为党人，大相攻击（欧阳修《朋党论》，就是作于此时）。公元1043年，仁宗以范仲淹为宰相。富弼为枢密使。范仲淹是王荆公以前一个有心改革的人。《宋史》上说他锐意裁抑徼幸，考核官吏。然而不便者多，不过几个月，就罢去。杜衍继为宰相。御史中丞王拱辰攻其婿苏舜钦，和他所引用的集贤校理王益柔。杜衍不自安，罢职而去。于是富弼、范仲淹、欧阳修等，也联翩辞职。拱辰大喜，说："吾一网打尽矣。"而夏竦又继为宰相。再以后的大事件，便是濮议了。以上党争的事情，一一详叙起来太繁。《宋史》中诸人的传，读者可自取参考。但是《宋史》的议论，全是一偏的。须得自出眼光，用精密的手段考校。总而言之：宋朝的党争，不过是闹意气，并无甚真有关系的事情，却因此弄得政局不能稳静；无论什么人，都不能放手做事情；就奋勇去做，也四面受人牵掣，不得彻底；即使一时勉强办到，不久政局转变，也要被人家取消掉的。后来的王荆公，就是榜样。这个却贻害甚大］。

而其最可痛心的，就是民穷财尽。原来从藩镇擅土以后，就多用武人做地方官，管收税机关；又创设了无数麻烦的杂税。这种苛税，无有不是拣着地方上贫弱的人欺的（因为豪强的人，都是有势力，能和官府相结托的）。于是贫弱的人，就只得献其所有，以托庇于豪强；有产的人，就逐渐变为无产者。这么一来，豪强的力量更大了，就更可以兼并贫弱的人。而且干戈之际，田地总有荒废的；还有那贫弱之人流亡的，田地也都入于豪强之手。于是贫富就大为不均。宋朝的收税，是很宽的。每破一国，必把它所有的苛税废除，或是大加蠲减（累朝相承，又递有蠲减）。而且“一遇水旱徭役，则‘蠲除’‘倚阁’，殆无虚岁。倚阁者后或凶歉，亦辄蠲之”。“畎亩转易，丁口隐漏，并兼伪冒”，也“未尝考按”。然而历代开国之初，都有一种改良分配的政治（譬如晋之户调，魏之均田，唐之租庸调制），宋朝却丝毫未有。所以取民虽宽，只是优待了一种豪强兼并的人，贫民丝毫得不到好处，而且受豪强的压迫更甚。民间借贷的利率，春天借米一石，秋天就还他两石，还算是普通的（见《宋史·陈舜俞传》），司马光说当时穷民的情形，“稼一不登，则富者操奇赢之资，取倍称之息；偶或小稔，责偿愈急；税调未毕，资储罄然；谷未离场，帛未下机，已非己有。所食者糠籺而不足，所衣者绨褐而不完。直以世服田亩，不知舍此尚有可生之路耳”（见《宋史·食货志》）。这种状况，真是言者伤心，闻者酸鼻了。还有一件，宋朝的税额虽轻，而税目和征收的方法，都很不佳良；所以国家收入虽少，人民的负担却并不见轻（参看本卷第十章第五、六节）。又有一种苛酷不堪役法，简直是绝掉人民的生机，社会的经济状况就更不堪设想了。原来所谓“力役”，就是唐朝租庸调制里的所谓“庸”，“庸钱”既已并入两税，就不该再有所谓力役。然而从唐朝中叶以后，还是要按“人户等第”差充的。赋税无论重轻，总还有个数目；数目过大，表面上总还有些说不出来。这种差役的苦累，却是因办公事而赔贴，法律上无可告诉（宋时差役的名目，是衙前——主官物；里长、正、户长——督课赋税；耆长、弓手、壮丁——逐捕盗贼；承苻、人力、手力、散从——以供驱使；而衙前、里长，最为苦累，往往倾家不能给）。所谓人户的等第，是以丁口的多寡和资产的厚薄定的。于是百姓弄得不敢多种一亩田，多栽一株桑，也有自残以免役的，也有自杀以免子孙之役的。真是惨无人道。以上所说的话，还不过述得一个大略；若要仔细说起来，还有许多的情形（读者请自取《宋史》的《食货志》看一遍）。总而言之：宋朝的百姓，是苦极不堪的。所以从澶渊议和以后，除掉陕西一隅，因西夏造反，连兵五六年外，此外并没有什么大干戈；而且朝廷也并没行什么害民的事情；然而海内的景象，已觉得憔悴不堪；财政上很觉得竭蹶，而察看民力，租税的负担，业已至于“不可复加”的限度。要想设法改革，一切弊窦都是积重如山的。这样的一个国家，要想治理真觉得无可下手。唯其如此，我们读史的人，真不能不佩服神宗和王荆公的热心和勇气了。

第三节　王荆公的变法

然而变法的结果，不过弄得党争更甚，所创的法，也不过供给后来奢侈的君主、贪欲的宰臣聚敛和妄作妄为之用，岂不可叹。王荆公是我国有数的政治家之一，怕也是世界有数的政治家之一。他一生的事迹，本书因限于篇幅，不能备详。近人新会梁氏，著有《王荆公传》一书，很为可看。读者诸君，务必取来细读一过。“高山仰止，景行行止”，这种伟大人物的精神和人格，是不可以不天天“心向往之”的。讲史学的人，总说历史有裨于修养，我说历史的有裨于修养，无过于看王荆公这一种人物的传记了。

神宗用王荆公做宰相，是在公元1069年。到公元1074年六月，罢相。明年二月，再入相。又一年多而罢。继其后的，是韩绛、吕惠卿等。终神宗之世，行荆公的法不曾变。

当王荆公的时候，宋朝所亟待整理的，是财政与军政。然而荆公的眼光，不是专注于一时的。所以他的财政政策，大致在于宽恤人民，培养社会的富力；至于兵政，则想变募兵为民兵；还于这种眼前的急务以外，特注意于培养人才，而改良学校和选举。这是荆公内政上的政策。

荆公所创设的财政机关，是制置三司条例司（神宗初令司马光等置局看详，裁减国用。光辞以不能。乃罢裁减局，但下三司共析。荆公执政后，才创设这个机关）。创设之后，对于支出一方面，则把一岁的用度，和郊祀大计，都“编著定式”。所裁省的冗费，计有十分之四。其余一切积极的政策，也都是从此议行的。

荆公对于民政上的设施，最紧要的，是青苗法和免役法。“青苗法”是陕西转运使李参所行。当春天播种时，叫百姓自己揣度，种田之后，能有多少盈余，官就酌量借钱给他，以做种田的资本；到谷熟后还官。荆公把这个法子，推行到诸路。用常平广惠仓的钱谷做本钱（常平仓是汉朝耿寿昌所创的法子。丰收之年，仓里储蓄了米，到荒年发出来平粜；使岁有丰歉，而谷价常得其平；不至于荒年则吃米的人受累，丰年则种田的人吃亏。所以谓之常平。历代仿办的很多，也有就唤作常平仓的，也有另立广惠……名目的。但是常平二字，总算作这种仓的总名。南宋后，又有一种社仓，则用意与常平同，而办法小异。可参考《文献通考》的《市籴考》）。这是所以救济富人盘剥重利之弊的。“免役法”是改“差役”为“雇役”，令“乡户”各按等第，输“免役钱”。本来无役的人家，出“助役钱”（其“额”是按一县所需的数目均摊。又额外增取二分，谓之“免役宽剩钱”，以备水旱）。官用此钱，募人充役，不再“签差”。其整理赋税，最为根本的，是“方田均税法”。以东西南北各千步之地为一“方”。每年九月，县令委佐官分地计量。于每一方地的角上，立了一根木头，以作标志。测量既毕，则经界已正；然后察看其土性的高下，以定赋税［当时反对青苗的人，其理由是：（一）官放钱取息。（二）取息二分太重。（三）州县以多借出为功，不免押借。（四）有钱的人，不愿借，无钱的人，借了不容易还；银钱入手，良民不免浪费，何况无赖之徒？追收起来，州县就不免多事。（五）出入之际，吏椽为奸，法不能禁。（一）（二）两说，都不足论（取息二分，较之当时民间借贷的利率，已经轻得多了）。（三）（四）（五）都是奉行不善之弊，不能怪到法的本身。青苗一事，读史的人，大都以为诟病，然而所谓害民的话，都出在反对党的口里。此外，在“反对荆公的《宋史》”里，竟也找不出什么证据来。可见当时奉行就是不善，也没有多大的弊病。反对雇役的理由是：（一）向来差役，固有因此破家的，也有全然不役的下户；现在一概要出钱，上户则便，下户则否，不知负担本该均平；况且免役钱亦视乡户等第，以定多少，并非不论贫富，概令出同一的钱；还有向来无役的户，也出助役钱；如何得便于上户，不便下户？（二）户口升降失实。不知差役也要分别人户等第的。户口的升降，和役法的为差为雇无关。此外理由尚多，更不值得一驳。总而言之，荆公所行的法，以免役为最完全合理。所以后来辗转变迁，而其法卒不能废——差役之法，卒不能复。新会梁氏说：“直至今日，人民不复知有徭役之苦，即语其名，亦往往不能解……

公之此举……实国史上世界史上最有名誉之社会革命……”实非虚言。青苗原非完全合理之法，然在当时，确亦为救济贫民之一法。方田则荆公时推行不曾甚广。后来徽宗时候，虽然继续进行，恐怕有名无实。此外还有“市易”“均输”等法，也是关于经济的行政，以其推行也不甚广，而本书篇幅有限，所以从略。读者可自取《宋史·食货志》参考］。

关于军事，则首先着手于裁兵，把不任禁军的，降为厢军；不任厢军的降为民。《宋史》上不曾明言其所裁之数，只说“所裁减者甚众”（《通考》同）。其次则改掉从前番戍之制，置将统兵，分驻各路（其置将之数，河北十七，府畿七，京东九，京西四，鄜延九，泾原十，环庆八，秦凤五，熙河九，淮南两浙江南东西路各一。荆湖北路一，南路二，福建路一，广南东路一，西路二，共九十二将。又有马军十三指挥，忠果十指挥，士军两指挥，与将并行。一将一指挥的兵数，史无可考；但知忠果十指挥，额各五百人；东南诸将的兵，有在三千人以下的）。又行保甲之法，以十家为一保，保有长；五十家为一大保，有大保长；十大保为一都保，有都保正、副。户有二丁的，以其一为保丁。保丁中每日轮派五人备盗。后来才教保长以武艺，教他去转教保丁（荆公是主张民兵制度的。和反对党辩论的话，具见《宋史·兵志》。还有他上仁宗的书，也畅论此理，可以参看。当时还有“保马”之法，由官给民马，令其豢养，而免其租税的一部。又特置“军器监”，以改良军器，本书因限于篇幅，也只得从略）。

关于教育选举的改革，见本卷第十章第二节。

第四节　神宗的武功

神宗、荆公，所想膺惩的是辽、夏。但这两件事，都不是一时办得到的。于是先为伐夏的准备，而有恢复河湟之举。

唐宣宗时，虽然恢复河湟，然占据其他的蕃族，仍旧不少。大者数千家，小者数十百家，为一“族”，各有首领。内属的谓之“熟户”，不内属的谓之“生户”。其初，凉州的潘罗支，和青唐的唃厮罗，都能和西夏相抗。后来潘罗支之兄弟厮铎督，为元昊所并。唃厮罗死后，也国分为三［潘罗支杀李继迁，已见前。不久，被蕃族附继迁的所杀。潘罗支，宋朝本曾授以朔方节度的名号，及是，遂以授其弟厮铎督。元昊复取西凉府，厮铎督和宋朝就音信不通，想是被他征服了。唃厮罗初居宗哥城（在凉州西南五百里），后徙邈川（在如今西宁县的东南——编者注：今为西宁市），又徙青唐（如今的西宁），始终和元昊相抗。唃厮罗死后，第三子董毡嗣，遂据河北之地。长子瞎毡，别据河州（如今甘肃的导河县——编者

注：今为临夏县），次子磨毡角据宗哥城]。公元1070年，建昌军司理王韶诣阙，上平戎三策。说欲取西夏，要先复河湟。荆公颇善其言，用韶为洮河安抚使。于是王韶先克复武胜，建为熙州（如今甘肃的狄道县——编者注：今为临洮县）。旋破木征，取河州。以次降岷（如今甘肃的岷县）、洮（如今甘肃的临泽县）、宕（在岷县西南）、叠（在临潭之南），开辟熙河一路[董毡传子阿里骨，至孙瞎征，部落自相睽贰。哲宗元符二年（公元1099年），王赡因之取邈川、青唐。置邈川为湟州，青唐为鄯州。旋因蕃族反叛，弃之。徽宗崇宁三年（公元1104年），王厚又重取二州]。

夏元昊死于公元1048年，子谅祚立。先是鄜州将领种世衡请进延安东北二百里的旧宽州城，以逼西夏，朝廷许之。城既筑成，赐名为青涧（如今陕西的清涧县），就以世衡知城事。世衡死后，儿子种谔继任下去。公元1067年（英宗治平四年），种谔袭取绥州（如今陕西的绥德县），朝议以为擅开兵衅，把种谔贬斥。这一年，谅祚也死了，子秉常立，还只有三岁。公元1069年，愿将所陷的塞门（如今陕西安塞县北——编者注：今为延安市）、安远（如今甘肃通渭县境）两寨，归还中国，以换取绥州。神宗也答应了他。谁知道夏人并无诚意，交涉不能就绪，于是改筑绥州城，赐名绥德。夏人就举兵入寇。神宗用韩绛做陕西宣抚使，起用种谔，杀败夏人，进筑了一个啰兀城（在如今陕西米脂县北），又进筑了许多的寨。不多时，夏人来攻，诸寨尽陷，并啰兀也不能守。于是再罢韩绛，斥退种谔。公元1081年，秉常被他的母亲囚了起来。神宗听种谔的话（这时候，种谔已做了鄜延总管），令陕西河东，五路进讨，约期同会灵州，不曾成功。公元1082年，侍中徐禧新筑了一个永乐城（在如今米脂县西），夏人来攻，又败死。这两役，北宋丧失颇多（但《宋史》说"官军、熟羌、义保，死者六十万"，恐怕也言之过甚）。于是仍许西夏讲和［元丰六年，公元1083年。神宗对西夏用兵，是失败的。然而绝不如《宋史》所言之甚。只要看反对新法的人，并没指出什么陕西因用兵而受害的实据来，就可知道了。公元1086年（哲宗元祐元年），秉常死，子乾顺立，也只三岁。还了宋朝"永乐之俘"一百四十九人。当时朝臣，就把神宗时所得米脂（如今的米脂县）、葭芦（如今陕西的葭县——编者注：今为佳县）、浮图（绥德西）、安疆（在如今甘肃安化县东北）四寨，轻轻还了他。然而划界不定，侵寇仍不绝。于是知渭州章楶，请进城平夏（如今甘肃的固原县——编者注：今为固原市）以逼之。诸路同时进兵，拓地。西夏毕竟国小，不能支持，介辽人以乞和。公元1087年（哲宗元祐二年），和议再成，从此终北宋之世，无甚兵争］。

以上所述，是神宗以后对于北方的兵事。还有对于南方的兵事，关系也颇大；如今撮叙其大略。

一、沅水流域的民族（参看上古卷第三章第二节），就是黎族的正支。汉时谓之“武陵蛮”，隋时，汉族的疆域，进拓到如今沅陵地方，置了一个辰州。唐时，又进辟锦（如今湖南的麻阳县——编者注：今为麻阳苗族自治县）、溪（如今湖南的永顺县）、巫（如今四川的巫山县——编者注：今属重庆市）、叙（如今湖南的黔阳县——编者注：今为怀化市）等州。唐末，其地为少数民族所据。宋初，用瑶人秦再雄，招降之。于是沅江的少数民族，分为南江和北江（北江彭氏最大，南江舒氏、田氏、向氏最大）。而资江流域，又有“梅山峒蛮”。如今靖县地方，又有杨氏，号十峒首领（酋长都是汉姓，大约是汉人王其中的）。“梅山峒蛮”，为患最甚。神宗用章惇经制蛮事。平“梅山蛮”，开其地为安化、新化两县（今县名同）。又平“南江蛮”，置沅州（如今湖南的芷江县——编者注：今为芷江侗族自治县）。而北江诸酋，亦愿纳土。徽宗时，又降十峒首领，置诚州（如今的靖县——编者注：今为靖州苗族侗族自治县）。

二、黔江流域的濮族，在唐时，为东谢（在如今贵州思南县一带）、牂牁（汉朝的牂牁郡境）、西赵（在东谢之南）、夷子（在东谢之西）诸蛮。宋时，先有龙、方、张、石、罗五姓，神宗时，又有程、韦二姓，都通朝贡，谓之西南七蕃。其在长江流域的，则分属黎、叙、威、茂、泸五州（其中唯黎州的三王蛮，系氐羌，余均濮族）。皆不侵不叛，只有居长宁（如今四川的长宁县）、宁远（如今四川屏山县附近）以南的晏子，和纳溪（如今四川的纳溪县——编者注：今为泸州市纳溪区）附近的斧望个恕，颇为边患。神宗命熊本讨平它。后来又平定了如今重庆以南的地方，开建了一个南平军（叙、威、茂三州的蛮族，徽宗时，内附置州的颇多。但都不久即废。西南诸族，就是如今总称为“高地族”的。鄙人自谓把它分析得颇清楚，读者诸君，务请留意，得了这一个纲领，去看别种书，可以较有把握）。

三、安南之地，自唐以前，本来都属中国版图。五代时，才有人据其地独立。宋初，平岭表，据其地的丁氏，遣使入贡；太祖也因而封之。这大约是内地初平，不欲穷兵于远的意思。太宗时，丁氏为黎氏所篡，太宗发兵讨他，不能取胜；只得因其请和，授以官爵。从此以后，安南就独立为一国了（有三国的纷争，而朝鲜独立；有五代的纷争，而安南独立，正是事同一例，这都是军阀给国家的好处）。真宗时，丁氏又为李氏所篡。神宗时，其主乾德，遣兵犯边。连陷钦（如今广东的钦县——编者注：今为广西钦州市）、廉（如今广东的合浦县——编者注：今属广西）二州，和邕州（如今广西的邕宁县——编者注：今为南宁市邕宁区）。公元1075年，神宗派郭逵去讨他，逵先恢复失地。明年，入其国，败其兵于富良江。安南请和。从此以后，对于宋朝，就始终臣服［安南的历史，中国史上所说的，都有些错误。现在根据日本人所著的《安南史》，述其大略如下——这是根据安南人自己所作的历史的。安南之地，本来是唐朝的安南都护府。后梁末帝贞明中（公元915年至920年），土豪曲承美据其地，送款于梁，南汉伐执之，派杨廷艺领其地。后来杨廷艺被手下人杀掉。牙将吴权自立为王（公元938年）。传子昌笈，为权妃杨氏之弟三哥所篡。昌笈的兄弟昌文，废三哥，重立昌笈。昌笈死，昌文即位，境内大乱。昌文自己出兵讨伐，中箭而死（公元965年）。诸州互相攻伐。公元970年，并于欢州刺史丁部领。始称帝，国号瞿越。部领爱少子项郎，欲立为嗣。项郎的哥哥丁琏，把项郎杀掉，部领就只得传位于琏。琏时，宋平南汉，琏遣使入贡。太祖以为静海军节度使，封交趾郡王。后来为其下所杀。部领亦遇害。琏的兄弟璿立。公元980年，为大将黎桓所篡（太宗太平兴国五年）。太宗派海陆兵（海兵出广州，陆兵出邕州）去讨他，不利。桓亦遣使谢罪。公元986年，仍以为静海军节度，加安南都护，封京兆郡侯。公元993年，封南平郡王。真宗即位，进封南平王。公元1006年，黎桓死，次子龙钺立，为弟龙铤所弑。公元1010年，龙铤死，殿前指挥使李公蕴自立。真宗仍以其官爵授之（英宗时，改封安南国王）。传四世而至仁宗，始改国号曰大越。自太祖至仁宗，皆留心政事，制定法律，兼提倡孔教和佛教，称为安南的盛世。神宗、英宗两世，亦称贤主。高宗立，荒于游宴，安南始衰。将军郭卜作乱，都城为其所陷。渔家子陈承以乡兵平卜，辅立高宗之子惠宗。惠宗无子，传位于女佛金，佛金嫁陈承的儿子炬（就是《元史》的陈日煚），就传位于炬。于是李氏亡而陈氏兴］。

安南李氏系图（国号大越）

（一）太祖李公蕴（公元1009年）—（二）太宗佛玛（公元1028年）┐
└（三）圣宗日尊（公元1055年）┬（四）仁宗乾德（公元1071年）
　　　　　　　　　　　　　　　└崇宪侯—（五）神宗阳焕（公元1128年）┐
└（六）英宗天祚（公元1138年）—（七）高宗龙翰（公元1176年）┐
└（八）惠宗昊（公元1211年）—（九）昭皇佛金（公元1225年至公元1226年）

第五节　元祐绍圣的纷更和徽宗的衰侈

王荆公的变法，宋朝人把他骂得一佛不出世，然而实在无甚贻害于民之处。只要看当时，并无民愁盗起的现象，就可明白了（荆公变法，关涉的方面太多。果真贻害于民，则全社会都受其骚扰，断没有不民怨盗起的道理）。然而宋朝人的党见，闹得太凶了。不论什么事情，都几乎只有意气，并无是非。当荆公行新法的时候，反对的人便纷纷而起（其中最著名的，便是司马光、吕公著、韩琦、富弼、欧阳修、范纯仁、苏轼、苏辙等），无如神宗一概不听。公元1085年，神宗崩，哲宗立，还只十岁。太皇太后高氏（神宗的母亲）临朝，用司马光、吕公著做宰相。

于是旧党联翩而进。不到一年，就把荆公所行的新法都废掉。然而这时候，旧党之中，又分为洛、蜀、朔三党（洛党以程颐为首，蜀党以苏轼为首，朔党以王岩叟、刘安世、刘挚、梁焘为首）。互相攻讦，纷纭扰攘，对于政治，其实并没有一定的主见。又大家都捧着一个太皇太后，“哲宗有言，或无应者”，于是哲宗积愤在心。公元1093年，太皇太后崩。杨畏、李清臣、邓润甫等，首创绍述之议。哲宗就罢范纯仁，起用章惇做宰相，而朝局又一变。当荆公执政的时候，反对的人虽多，却并未窜逐一人（只有上流民图的郑侠，下狱远窜，乃荆公罢相一年中事。详见梁氏所著《王荆公传》）。元祐诸臣执政，才把行新法的吕惠卿、邓绾、蔡确等远窜。章惇执政之后，也就窜逐旧党诸臣，以为报复。甚至要追废宣仁太后，以有人阻挠，不果。公元1100年，哲宗崩，无子。太后要立徽宗。章惇说：以年则神宗诸子，申王为长；以亲，则哲宗母弟简王当立。太后不听。徽宗既立，章惇遭贬，以曾布为相。这时候，太后权同听政，颇起用元祐诸臣。然曾布本是助荆公行新法的。太后听政才七月，就归政。徽宗意亦倾向新法，却去引用了一个反复无常的蔡京（司马光要复差役，限期五日，大家都以为难。这时候，蔡京知开封府，独能如约办到。司马光大喜）。于是曾布亦罢相。蔡京窥徽宗意旨所在，把元祐诸臣的姓名，亲写了一张党人碑，勒诸朝堂，其子弟都不得至阙下；于是新旧水火之势，格外无可挽回。而徽宗又荒淫无度，好大喜功，北宋的天下，就无可支持了（当时就没有女真，内乱也要大起的。只看南渡之初，群盗的多便可知）。

蔡京是一个聚敛的好手，只要把《宋史·食货志》看一遍，便可见得当时：不论哪一项财源，都被他搜括净尽；不论哪一件政事，到他手里，就变作了聚敛的政策，以供给徽宗淫侈之用（本卷势难备详，读者诸君，请取来自读一过，便可见得财政紊乱，是国家的致命伤）。于是设苏杭应奉局，派宦者童贯，到东南去监造御器。又命朱勔领花石纲，东南人家有好的花石，便运进京来。其骚扰，自然不言可知。于是在京城里造了一座万岁山，穷极奢侈（到元朝攻金汴京的时候，金人把这山上的石头，用来供发炮之用。荼毒了无数生灵，其结果，还是拿来做杀人之具，真正可发一叹）。又相信道教，进用方士王老志、王仔昔、林灵素等，大营斋醮，费用也不可胜计。内政一方面，既已如此，对外又要讲武功。西南一方面，则招降蛮族，置了许多州县。西北一方面，又用王厚以开湟、鄯（均见上节）。于是童贯借此机会经略陕西，和夏人开衅。每战，辄讳败为胜。教诸将多筑城堡，骗朝廷是新拓的土地。公元1120年，睦州人方腊起义，连陷睦（如今浙江的建德县——编者注：今为建德市）、歙（如今安徽的歙县）二州，进陷杭州。童贯带兵把他讨平。就格外自谓知兵，要想趁辽朝败亡的机会，恢复燕云。北狩南渡之祸，就因此而起了。

第五章　北宋辽金的兴亡

第一节　女真和金室的起源

女真，就是现在的满族。它的起源，是很古的。它的名称，考据起来，也很有趣味。

这一族人在最古的时候，称为肃慎（亦作息慎、稷慎）。两汉时谓之挹娄。从南北朝到唐，谓之靺鞨（亦作勿吉）。辽以后，称为女真（避兴宗讳作女直。《大金国志》：“金国，本名珠里真，后讹为女真，亦作虑真。”宋刘忠恕说金朝姓朱里真）。到明末，才称为满洲。而据清朝人所说：则谓旧称所属曰珠申。近来日本稻叶君山著《清朝全史》，说：清朝改号称清以前，实曾自号其国曰金。至于满洲二字，则明人和朝鲜人，都书作“满柱”，乃最大酋长之称，既非国名，亦非部族之名。我国人有自署心史的，著了一本《史料》，把这件事情考核得很详细，实在已无可疑（参看这两部书，和近世卷第三章第一节）。我才悟到《魏书》称靺鞨的酋长，号“大莫弗瞒咄”，“瞒咄”两字，就是满柱的异译，“靺鞨”两字，又是瞒咄的异译。至于挹娄，则是满族语“叶噜”（亦作懿路）的转音，乃是岩穴之义。是因其所居而名之，并非其族的本号（见《满洲源流考》）。至于其族的称号，则索慎、女真、珠申，原是一音的异译，几千年来，并没有改变（现在东三省的索伦人，也就是这种人，把珠申又写作索伦了）。

这一族人，当三代以前，曾到中原来，贡其楛矢石砮（见《史记·孔子世家》）。两汉时代，臣服夫余，所以不和中原交通（据《后汉书》及《晋书》）。到南北朝时，分为七部。便是：

靺鞨：
- 粟末部（居最南与高丽接）
- 伯咄部（在粟末北，《唐书》作汨咄）
- 安车骨部（在伯咄东北）
- 拂涅部（在伯咄东）
- 号室部（在拂涅东）
- 黑水部（在安车骨西北）
- 白山部（在粟末东南）

《唐书》没有号室部，其余都同。又有思慕（黑水西北，当在今黑龙江省龙江县境）、郡利（从思慕北行十日，当在今嫩江境）、窟说（从郡利东北行十日，当在今瑷珲附近）、莫曳皆（从窟说东南行十日，当在今同江附近）、虞娄（无考）、越喜（在如今开原、铁岭之北，北接宁安）、铁利（在图们江北岸）等部（靺鞨，渤海的释地，《韩国小史》最为可据。《满洲源流考》，亦可参看）。拂涅、铁利、虞娄、越喜，时时通中国，而郡利、窟说、莫曳皆，都不能自通。粟末、黑水，都是如今的松花江（上源称粟末，稍远便称黑水），所以《唐书》说：粟末等六部，“部间远者三四百里，近者二百里”。《金史》说“女真之地，有混同江，长白山。混同江，亦号黑龙江；所谓白山黑水者也”，尤其说得清楚。清朝人误把鄂嫩、克鲁伦两河，算作黑龙江的上源，于是《唐书》《金史》之说都不可通。不自知其考古之粗疏，反疑心是前史错误，真是荒谬绝伦。

满族的开化，都是得高丽的力（参看近世卷第三章第一、二节）。所以粟末靺鞨和高丽最近，就最先开化。当唐朝时候，建立了一个渤海国，地有五京，十五府，六十二州（上京龙泉府，在如今宁安附近。中京显德府，在如今吉林东南。东京龙泉府，在如今海参崴附近。南京南海府，在如今朝鲜的咸兴。西京鸭绿府，在如今辑安县附近——编者注：今为集安市。其余诸府州，不尽可考）。核其疆域，实在包括如今的吉、黑两省，朝鲜的咸镜道和平安道的大部分，俄国的阿穆尔沿海两州。一切制度文化，都以唐朝为模范，真不愧为海东文明之国。到五代时候，才给契丹太祖灭掉（关于渤海的事情，可参看《唐书》本传和《韩国小史》）。前述靺鞨诸部落，《唐书》说："白山本臣高丽，唐取平壤，其众多入唐。伯咄、安车骨等浸微，无闻焉。唯黑水盛强，分十六落，跨水，称南北部。"从渤海盛强以后，这许多部落，都变作它国家的一部。渤海灭亡以后，依旧是黑水部出来反抗契丹，这便是金朝人。

金朝的部族，就是黑水女真，从渤海亡后，服属契丹。《金史》说：在南者系辽籍，谓之熟女真；在北者不系籍，谓之生女真。《大金国志》则说明熟女真在混同江之南，生女真在混同江之北。朝鲜史籍，则称熟女真为西女真，说它在白头山（就是长白山）大干长岭之西，鸭绿江之北；生女真为东女真，在长岭之东，豆满江（图们江）之西（据《韩国小史》）。地位都相符合。

至于金朝的王室，则实在系出高丽。据《金史》说：金朝的始祖，名唤函普。来自高丽，年已六十余矣，居完颜部仆干水之涯。这时候，完颜部方与他部争斗，函普替他排难解纷；部人感激他，把部里一位六十多岁还没出嫁的姑娘嫁给他；生了两男一女，从此以后，就做了完颜部人（可见前此还无意于久住）。朝鲜的史家，则说彼国的平州（如今的咸兴）有个僧人，唤作金俊，逃入生女真。娶妻生子，为金之始祖。又有说平州有个僧人，唤作金幸。金幸的儿子，名唤克守。克守娶生女真之女为妻，生了个儿子，唤作古乙太师（太师是辽朝人所加的爵号。生女真虽不系辽籍，也有受辽命，称太师的。见《大金国志》），是金朝的始祖的。我说金朝的始祖，名字唤作什么，自然该以金朝人自述的话为准。然而函普究竟姓什么，《金史》不曾说出来。《金史》述金人所以称金的原因，共有两说：一说“国言金曰‘安出虎’，以安出虎水源于此，故名金源”。一说是太祖建国时候的诏书说：“契丹名国，义取镔铁。镔铁虽坚，终亦变坏；唯金不变。”遂号国为大金。两说自相矛盾。我看“太祖下诏书的时候，金朝必久已称金，诏书上的话，不过是就固有的名称，加之以一种解释。安出虎水的名目，前此亦没有听见；怕函普本来姓金，安出虎水，正是因高丽的金氏，迁居于此，所以得名的（乃水以部族名，非部族以水名）。至于《金史》上说金朝的王室为完颜氏，乃是从生女真之俗，用的女系”。这种推测，倘使不谬，则金朝的王室，简直是汉族的血胤了。为什么呢？因为朝鲜半岛的金氏，实在系出中原（见中古卷第十三章第六节。以上兼据《韩国小史》。《韩国小史》载宋徽宗崇宁八年，金使裹弗失请和于高丽说："昔我太师盈歌，尝言我祖宗出自大国，至于子孙，义当归附；今太师乌雅束，亦以大邦为父母之国。"政和时，金使与高丽修好，亦称高丽为父母之邦）。

金系图

（一）始祖函普 —（二）德帝乌鲁 —（三）安帝跋海 —（四）献祖绥可

（五）昭祖不鲁 —（六）景祖乌古迺 ┬（七）世祖劾里钵

├（八）肃宗颇剌淑

└（九）穆宗盈歌

（十）太祖旻（本名阿骨打）┬ 景宣帝绳果 —（十二）熙宗亶（本名合剌）

（十一）太宗（本名吴乞买）├ 辽王宗干 —（十三）海陵庶人亮（本名迪古乃）

└ 睿宗宗峻 —（十四）世宗雍（本名乌禄）

显宗永恭 ———— ┬（十五）章宗璟（本名麻达葛）

（十六）卫绍王永济（本名兴胜）└（十七）宣宗珣（本名吾睹补）

（十八）哀宗守绪

第二节　辽朝的灭亡

金朝的开化，起于献祖（安帝、德帝两代，无事迹可见）。前此是穴居的，到献祖徙居海姑水（《金史·本纪》下文又说"自此遂定居于安出虎水之侧矣"。《始祖以下诸子传赞》则说："再徙安出虎水。"安出虎水，是如今的阿勒楚喀河。海姑水当在其附近），才知道"筑室""树艺"。至昭祖，乃渐以"条教为治"。辽人以为惕隐。"昭祖耀武，至于青岭白山（长白山）入于苏滨耶懒之地，所至克捷”（《韩国小史》说：苏滨，就是渤海的率宾府，金朝的恤品路；其地，从如今的兴京向西南，跨过鸭绿江。耶懒，就是金朝的曷懒路；其地，从朝鲜吉州向南，直至咸州）。景祖之时，“自白山、耶悔（未详）、统门（图们的转音）、耶懒、土鲁伦（未详）之属，至于五国之长，皆听命”。按所谓五国，就是《辽史》所谓五国部，有一个城，在会宁府（徽宗所迁的五国城，就是这个城）。乃辽朝属境最远的地方。景祖替辽人讨平五国中的蒲聂部，受辽命，为生女真部族节度使。“始有官属，纪纲渐立。”景祖、世祖、肃宗、穆宗四世，皆尽力平定东方诸部族，一面借用辽朝的声威，一面又用外交政策，阻止辽兵入境，拒绝辽人要他“系籍”。到太祖手里，就和辽人交涉起来了。

契丹的国势，以圣宗时为最盛；兴宗时，亦尚可蒙业而安；道宗时，用佞臣耶律乙辛，自杀其子耶鲁斡，忠良多遭陷害，国势遂衰。天祚帝立，荒于游畋，委政于妃兄萧奉先，国事更坏。这时候，辽朝年年遣使到女真去求海东青（一种名鹰的名目），骚扰得极其厉害。金太祖就借此激怒诸部族；又有个星显水纥石烈部的阿疏，和金朝构兵，逃到辽朝去，金朝要索还，辽朝不肯；太祖也以为口实。公元1114年，起兵攻辽，陷宁江州（在如今吉林东北）。辽遣都统萧嗣先讨之，大败于出河店（在如今夫余县附近——编者注：今作扶余县）。金遂取咸州（在如今铁岭之东）。公元1115年，金太祖称帝，定国号曰金。

女真初起，部族很小［初起时，甲兵未尝满千。太祖攻辽，诸路兵皆会涞流水（如今的拉林河），只有二千五百人。出河店之战，兵始满万。然护步答冈之役，辽兵号称七十万，金兵仍不过二万。以后两路伐宋，每路也不过三万人］，说他就有取辽而代之之心，是绝无之理。他之所以起兵，大概因辽朝对于女真，控制颇为严密［《大金国志》说：契丹于宾州混同江之北八十里筑寨，以控制生女真。又说："契丹恐女真为患，诱豪右数千家，处之辽阳之南，使不得与中国往来，谓之曷苏馆。自咸州东北分界，入山谷，至涞末江（粟末），中间所居之女真，隶咸州兵马司，谓之回霸。极东而野居者，谓之黄头女真。居涞末江之北，宁江州之东……"所以当时辽朝控制女真，咸州、宁江州，是两个要地。这两处既破，就轮到黄龙府了］；而所谓求海东青等的辽使，又一定十分骚扰。金朝从景祖做生女真部族节度使后，累代都和辽朝打交涉，辽朝的无能为，已经被他看穿（当时女真有叛乱的，辽朝都不能定，都靠生女真部族节度使替他打定）。于是姑且起兵，想脱辽朝的羁轭。所以咸州、宁江州既下之后，就遣使与辽议和（因他本来所求，不过如此）。以还阿疏和迁黄龙府于别地为条件（黄龙府如迁去，女真的自由，就算完全恢复了）。辽人不答应。金太祖就自行用兵，攻破黄龙府（公元1115年九月）。天祚帝闻之，自将兵七十万至驼门（七十万自系虚数，然而为数必不少）。不意御营副都统耶律章奴谋反，想立兴宗次子耶鲁斡之子秦晋国王淳。天祚帝闻之，皇遽西归，被金兵追到护步答冈，杀得大败。明年，渤海人高永昌据东京，又给金太祖打破。于是东京郡县，多降于金。金朝的疆域，差不多有如今的奉、吉两省了。

黄龙府既破，金朝已经心满意足；更加意外得了一个东京，自然更无进取之意。公元1117年，又差人到辽朝去议和。所要求的条件是：

一、辽主册金主为皇帝。

二、辽主以兄礼事金主。

三、割让上京、中京、兴中府三路之地。

四、纳岁币。

五、以亲王公主、驸马、大臣子孙为质。

磋磨了许多时候，三、五两条，都不要了。第四条也肯减少数目，只求册用汉礼和第二条而已。然而辽人争执条文，议终不就。至公元1120年，兵衅再开，金兵就攻破上京（在如今热河道开鲁县境——编者注：今属内蒙古）。

辽朝是一个泱泱大国，如何亡得十分快，而且极容易？这件事，读史的人都有点疑心。原来辽朝的国家，是合三种分子组织成功的。便是：（一）契丹、奚，（二）诸部族，（三）汉人。诸部族的瓦解，是很容易的；南边既然拥立了秦晋国王，就把所得到的北宋地方都失去；再加以契丹诸部族，也未必都归心天祚，就弄得众叛亲离的了。公元1121年，辽朝的耶律余睹叛降金（天祚的元妃，生秦王定。文妃生晋王敖鲁斡。敖鲁斡颇贤，为国人所归心。耶律余睹是文妃的妹夫。元妃怕秦王不得立，诬文妃和耶律余睹谋立晋王，天祚赐文妃死，耶律余睹惧而降金），金人因此尽知天祚的虚实。于是命世祖的儿子辽王杲做都统以伐辽。明年，克中京（如今热河道的凌源县——编者注：今属辽宁）。天祚帝这时候，还在鸳鸯泺打猎（在如今直隶赤城县境——编者注：今属河北），为金兵所袭，逃到夹山（在如今五原西北——编者注：今属内蒙古自治区）。于是南京的人，拥立了秦晋国王淳，尽有燕云、平州、辽西、上京之地；天祚帝所有，不过沙漠以北，西南、西北两招讨使而已。金人就进取西京。

漏屋更遭连夜雨，破船又遇打头风；辽人正弄得七零八落，宋人却又想恢复燕云了。原来宋徽宗本是个好大喜功之主，蔡京、童贯一班人，又是全不晓得轻重的，听得金朝打破辽人，就想借金人之力，以恢复失地。于是差燕人马政到金朝去，求“五代时陷入契丹汉地”（公元1118年。马政是燕人，童贯使辽时，自言有灭辽之策。童贯就把他带归，引见徽宗，赐姓名为赵良嗣。《宋史》说：马政的使金，是约夹攻辽国的。然而《金史本纪》说：“……马政以书来，曰：克辽之后，五代时陷入契丹汉地，愿畀下邑。”并无夹攻之说。果使宋本约夹攻，金朝的复书，就不必再提起与宋夹攻之说了。大概童贯等本想不烦一兵，而得燕云的，这并不是有外交手段，不过是小人侥幸之心而已）。金太祖复书，约宋朝夹攻，谁得到的地方，就算谁的。于是约宋朝攻南京，金取中京及上京。公元1122年，童贯派兵攻辽，大败。这一年六月，辽秦晋国王死了，辽人立天祚帝的次子秦王定为帝，尊秦晋国王的妻萧氏为太后，同听政。童贯听得，又派刘延禧和辽国的降将郭药师去攻辽，又不胜。童贯大窘，就差人到金朝去，请金朝代攻燕京。这时候，金太祖正以西京郡县反侧，应辽王杲的请，亲自出师，就从蔚州攻破居庸关，直薄南京。萧太后和秦王定都逃掉，于是南京攻破，辽人五京皆破。天祚帝辗转山后，弄得无家可归，到公元1126年，被金朝人捉获，辽朝就此灭亡。金朝和宋朝的交涉，就此起了。

第三节　北宋的灭亡

金朝当初起的时候，并没有什么土地思想（它的灭辽，其实是辽人自己土崩瓦解，并不是金人真有多大的能力）。以区区东方一个小部落，一旦灭辽而有之，不但喜出望外，再求扩充，一时也有些难以消化了。所以南京虽系金朝所取，也不过敲几个钱的竹杠，就肯把来还宋。原来宋朝和金朝，是约夹攻契丹的。辽朝的南京、西京两道，本应当宋人自己去取。然而后来，全仗金人的力量攻下。于是金人一方面，只肯还宋燕京和蓟、景、檀、顺、涿、易六州；而宋朝则山后诸州外，还要要求营、平、滦三州。原来燕云十六州，自入契丹之后，颇有废置。这时候，在辽朝的南京道，除析津府外，有蓟、景、檀、顺、涿、易六州（景州辽所置，在如今直隶的遵化县——编者注：今属河北）；西京一道，除大同府外，有应、蔚、儒、妫、奉圣、归化六州，和武、朔二州（归化州，就是旧时的武州。辽朝的武州，在如今山西的神池县。奉圣州，也是辽朝所置，在如今直隶的保安县——编者注：今属河北），都是五代时让给契丹的旧地。至于营、平二州，则系后唐时，契丹所攻陷，滦州（如今直隶的滦县——编者注：今属河北）系辽人所置，都和石晋所割的地无涉。宋朝起初和金立约，也只说“五代时陷入契丹汉地”，并没提起营、平、滦；南京既破之后，宰相王黼就想兼得此三州，差马政到金朝去要求。金朝一定不答应。这时候，涿、易二州，是辽将郭药师带来投降的，已经是宋朝的地方，其余诸州，却都在金人手里。于是金人也提出强硬的抗议，说：

一、若宋朝定要营、平、滦三州，则并燕京而不与。

二、就使宋朝不要营、平、滦三州，单要燕京和六州，燕京的租税，也是要给金朝的；因为这地方是金朝所攻下。燕京的租税额，是每年六百万缗；现在金朝肯减取，只要一百万缗。

三、倘若宋朝不肯照此办法，就要把涿、易二州都还金朝。

于是磋议的结果，宋朝答应：

一、岁输银绢各二十万两匹，又别输“燕京代税钱”一百万缗。

二、遣使贺金主生辰及正旦。

三、置榷场贸易。

公元1123年，五月，金人就把燕京和蓟、景、檀、顺之地来归。不多时，又还了应、蔚、儒、妫、奉圣、归化六州。这一年八月里，金太祖死了，太宗立。十一月，又以武、朔二州来归。宋朝置为燕山府和云中府两路。

平州地方，金朝既不还宋，就建为南京，以辽降将张觉留守。就是这一年六月里，张觉据城叛降宋。宋人受之。十一月，被金朝打破，张觉又逃到燕山。金朝人来索取，宋朝无奈，只得杀掉张觉，“函首以畀金”。然金朝人仍以此为口实。公元1125年，十月，宗翰、宗望（都是辽王杲的儿子）分两道伐宋。

宗望从平州入燕山，宗翰从云中攻太原。这时候，童贯方驻兵太原，听得金朝人来，先拔步跑掉。幸得知太原府事张孝纯固守，所以河东一路，还可暂时支持。而河北一路，宋人以郭药师守燕山，又派内侍梁方平，带着卫士，拒守黎阳。郭药师既望风投降。明年正月，梁方平的兵也大溃，宗望遂渡河。这时候，徽宗业已传位钦宗（隔年十二月），金兵围汴京，由主战的李纲固守。虽然未必一时就破；然而四方来援的兵很少（因为这时候已没有什么兵，参看本卷第九章第三节），偶有来的，也遇敌辄败。于是只得和金朝讲和。其条件是：

一、宋朝输金五百万两，银五千万两，表段百万匹，牛马万头。

二、尊金主为伯父（《宋史·钦宗纪》作叔父，是错的。

《高宗纪》也作伯父）。

三、割太原、中山、河间三镇。

四、以亲王宰相为质。

于是括京城里的金二十万两，银四十万两，先行交给金人，并以肃王枢为质。五月，宗望遂解围北还。这时候，宗翰还在太原，听得宗望讲和，也差人来“求赂”。大概金朝人的意思，以为每一支兵，都要得些利益，才算罢兵的。宋朝人的意思，则说业已讲和，如何又来需索。于是把他的使者捉起来。宗翰大怒，分兵攻破威胜军（如今山西的沁县）、隆德府（如今山西的长治县——编者注：今为长治市），进取泽州（如今山西的凤台县——编者注：今为晋城市）。宋朝人说：这是背盟了。就诏三镇固守，而且派兵往援。这时候，辽朝的国戚萧仲恭，做了金朝的使臣，来到宋朝，也被宋朝人拘留住。萧仲恭的母亲，本是辽道宗的女儿，就骗宋朝人，说能替宋朝招耶律余睹，叫他叛金。宋人信了他，写了封信给余睹，封在蜡丸里，托萧仲恭带回。萧仲恭走到燕山，就把这蜡书献给宗望。金人以这两件事为名，八月，宗翰、宗望再举兵南下。九月，宗翰陷太原，从孟津渡河。宗望也渡河，与他会合。十一月，合围京城。闰十一月，城陷。钦宗自到金营请和。先是京城未被围时，金人差人来，要尽得两河之地。宋朝没法，只得答应他，叫聂昌使宗翰军，耿南仲使宗望军。聂昌到绛州（如今山西的绛县），被钤辖赵子清所杀。南仲走到卫州（如今河南的汲县——编者注：今为卫辉市），卫州人不纳，而且要杀掉他。南仲逃到相州（如今河南的安阳县——编者注：今为安阳市）。于是和议不成。京城既破之后，仍以割两河地成和。再差耿南仲和陈过庭出去割地，各地方的人都不奉诏。公元1127年，二月，金人就掳徽、钦二宗和钦宗的太子谌，以及后妃宗室等皆北去，而立宋臣张邦昌为楚帝。金人既去之后，张邦昌虽不敢做皇帝，然而宋朝人在北方，也始终站不住，就成了南渡之局了。

第六章　南宋和金朝的和战

第一节　南宋初期的战事

从南宋以后，又变作少数民族割据北方，汉族占据南方的局面了。其和两晋南北朝不同的，便是后者的结果，是汉族先恢复了北方，然后统一南方；前者的结果，却是占据北方的一族，为另一族所灭，而汉族亦为所吞并。

从南宋到元，重要的事情，便是：

一、宋南渡后的立国，及其和金朝人的交涉。

二、金朝的衰亡。

三、蒙古建立大帝国，和它的侵入中原。

四、元朝的灭亡。

如今且从第一项说起。

宋朝南渡之初，情形是很危险的，其原因：

一、这时并无一支可靠的兵。当徽宗时候，蔡京等利用诸军缺额，“封桩其饷，以备上供”。北宋的兵力，本靠不住；这一来，便连靠不住的兵力也没有了（靖康时入援，以陕西兵多之地，竭力搜括，只得万五千人）。南北宋之际，大将如宗泽及韩、岳、张、刘等，都是招群盗而用之；既未训练，又无纪律，全靠不住；而中央政府既无权力，诸将就自然骄横起来；其结果，反弄成将骄卒惰的样子。

二、这时候，到处盗贼蜂起。只要一翻《宋史·高宗本纪》，从建炎元年到绍兴十一二年间（公元1127年至1142年），天下二十六路，每路总有著名的盗匪数人或十数人，拥众十余万或数十万（这种数字固然未必确实，然而其众也总不在少数），剽掠的地方，或数郡，或十数郡。其次也拥众或数万或数千。这都是徽宗时多行苛政，民不聊生；加以北方受了兵祸，流离失所的人，起而为盗，再去蹂躏他处的缘故（此外还有溃兵和团结御敌、号召勤王之兵，屯聚不散，而又无所得食，也变而为盗的）。

这样说，国家既无以自立，而又无以御外；倘使当时的金朝大举南侵，宋朝却用何法抵挡？然而南宋竟没有被金朝灭掉，这是什么缘故？

金朝本是一个小部落；它起初，不但无吞宋之心，并且无灭辽之心，前面已经说过了。所以灭辽之后，燕云州县，仍肯还宋。就是同宋朝开衅以后，金人所要的，也不过河北、河东，所以既得汴京之后，就拿来立了一个张邦昌。

金兵既退，张邦昌自然是不能立脚的。于是请哲宗的废后孟氏垂帘（二帝北狩时，太子和后妃宗室都北行，废后以居母家得免）。康王构，本来是到金朝去做“质”的。走到半路上，为人民所阻，退还相州；开大元帅府。及是，以孟后之令迎之。康王走到南京（归德府，如今河南的商邱县——编者注：今为商丘市），即位，是为高宗。

高宗即位之初，用主战的李纲做宰相。这时候，宗泽招抚群盗，以守汴京；高宗就用他做东京留守，知开封府；又命张所招抚河北，傅亮经制河东。旋复罢李纲，召傅亮还，安置张所于岭南。宗泽屡疏请还汴京，不听；请留南阳，亦不报；李纲建议巡幸关中襄（湖北襄阳）、邓（河南邓州，今南阳），又不听。这一年十月里，就南走扬州。读史的人，都说高宗为黄潜善、汪伯彦二人所误。然而高宗不是十分无用的人（看下文便知），倘使恢复真有可图，未必怯弱至此。这时候的退却，大约因为汴京之守，不过是招用群盗，未必可恃；又当时的经略河北、河东，所靠的，不过是各处团结的民兵，也未必可靠之故（据李纲说：当时河东所失，不过恒代、太原、汾晋、泽潞。河北所失，不过怀、卫、濬、真定。其余地方的民兵，都还团结，为宋守御。当时派出的傅亮、张所，手下并没有兵，大约就是想利用这种民兵，以拒敌。然而这种兵，并不能用正式军队以御大敌的。后来取消经略河北、河东之议，大约为此。至于亟亟乎南走扬州，则大约因为金兵逼近，北方不能立足之故）。

金朝一方面，到这时候所要经略的，还不过河北、河东。对于此外地方的用兵，不过是剽掠主义（也可以说是对于宋朝的膺惩主义。当时就使灭掉宋朝，大河以南的土地，金人也是不要的）。公元1127年，七月，宗望死了，代以宗辅（太祖的儿子，熙宗的父亲）。这一年冬天，宗辅东徇淄青，分兵入襄、邓、唐、蔡（这支兵，是逼高宗的。高宗所以不敢留居关中、南阳）。明年正月，因高宗还在扬州，而农时已届，还师。宗翰的兵，于公元1127年冬天，入陕西，陷同华、京兆、凤翔。明年，留娄室屯驻，自还河东。公元1128年七月，宋朝差王师正到金朝去请和，又以密书招诱契丹汉人，为金人所获。金太祖诏宗翰、宗辅伐宋。于是二人会兵濮州。十月，进兵（合两路兵以逼高宗）。明年二月，前锋到扬州。高宗先已逃到杭州。金人焚扬州而去。五月，宗弼（也是太祖的儿子）就再进一步，而为渡江之计。

宗弼分兵攻蕲（如今湖北的蕲春县）、黄（如今湖北的黄冈县——编者注：今为黄冈市），自将兵从滁（如今安徽的滁县——编者注：今为滁州市）、和（如今安徽的和县）、太平（如今安徽的当涂县）渡江，逼建康。先是公元1128年七月，宗泽死了，代以杜充。杜充不能抚用群盗，群盗皆散，汴京遂陷。高宗仍用他留守建康。宗弼既渡江，杜充力战，而韩世忠不救（见第二节）。杜充遂降。于是宗弼陷广德（如今安徽的广德县），出独松关（在如今浙江安吉县西边），逼临安府（杭州所改）。高宗先已逃到明州（如今浙江的鄞县——编者注：今为宁波市鄞州区）。宗弼遣阿里蒲卢浑从越州（如今浙江的绍兴县——编者注：今为绍兴市）入明州。高宗从昌国（如今浙江的象山县）入海。阿里蒲卢浑也以舟师入海追之三百里，不及而还。于是宗弼"裒所俘掠"，改走大路，从秀州（如今浙江的嘉兴县——编者注：今为嘉兴市）、平江（如今江苏的吴县——编者注：今属苏州市）而北。到镇江，韩世忠以舟师邀之江中，相持凡四十八日，宗弼颇窘，旋因世忠所用的是大船，无风不得动，为宗弼用火攻所破，宗弼乃北还。这一次是金朝南侵的极点。从此以后，金人再有主张用兵的，宗弼便说"士马疲弊，粮储未足，恐无成功"，不肯再听他了。这是用兵的计划如此；宋朝人以为他被韩世忠一场杀怕了，不敢再说渡江，这是犯了夸大的毛病。

以上所说，是宗辅的一支兵（金朝的左军）。其宗翰的一支兵（右军），则以打平陕西为极限。先是高宗既南渡，用张浚做川陕京湖宣抚使，以经略上游。公元1130年，张浚以金朝的兵，聚于淮上；从兴元出兵，以图牵制。金朝果然分了东方的兵力，用宗辅做西路的监军；宗弼渡江而北，也到陕西去应援。这一年九月里，战于富平（如今陕西的兴平县——编者注：今为兴平市），浚兵大败。于是关中多陷。张浚用赵开以治财赋，刘子羽、吴玠、吴璘以任战守，和金人苦苦相持，总算拒住汉中，保守全蜀（其间很有几场苦战，可参看《宋史》三人的本传）。

金人既不要河南、陕西，这几年的用兵，是为什么呢？这是利用它来建立一个缓冲国，使自己所要的河北河东，可以不烦兵力保守。所以这一年九月里，就立刘豫于河南，为齐帝，十一月里，又畀以陕西之地。于是宋朝和金朝的战争，告一小结束，宋人乃得利用其间，略从事于内部的整理。

第二节　和议的成就和军阀的剪除

宋朝当南渡之初，最窘的是什么？便是：

一、盗贼的纵横；

二、诸将的骄横。

如今且先说盗贼。当时盗贼之多，前节已说过，请读者自行翻阅《宋史·高宗本纪》和岳飞、韩世忠、张俊等几个人的传，本书无暇一一详叙。其中最强悍的，是李成（据江淮湖湘十余郡）、张用（据襄汉）、孔彦舟（据武陵）、杨么（洞庭湖里的水寇）、范汝为（在福建）等几个人。都给张俊、岳飞、韩世忠打平，而孔彦舟、李成都降齐。

刘豫既然为金所立，就想自固其位。于是请于金，欲立其子麟为太子，以窥探金朝的意思，到底打算不打算永远保存他这齐国。金朝说：替我伐宋，能胜才许你。于是刘豫就利用李成、孔彦舟的投降。公元1133年十月，叫李成南侵，陷襄阳、唐、邓、随（如今湖北的随县）、郢（如今湖北的钟祥县——编者注：今为钟祥市）、信阳（如今河南的信阳县——编者注：今为信阳市），岳飞把它恢复。刘豫又乞师于金。九月，挞懒（穆宗的儿子）带着五万人，和齐兵同寇淮西［步兵入淮东，韩世忠败之于大仪（镇名，在如今江苏江都县西）。骑兵入淮西，攻庐州（如今安徽的合肥县——编者注：今为合肥市），岳飞派牛皋救却之］。不多时，金太宗死了，金兵引还。先是宋朝很怕刘豫，至于称之为大齐。这一次，知道无可调和。于是高宗从临安进幸平江，起用张浚视师，颇有振作的气象。金兵既退，张浚仍竭力布置。公元1136年，分令张俊屯盱眙（如今江苏的盱眙县），韩世忠屯楚州（如今江苏的淮安县——编者注：今为淮安市），刘光世屯合肥，岳飞屯襄阳。高宗又诏谕三军，说要亲征。刘豫闻之，便告急于金。金朝人的立刘豫，本是想他做个缓冲国，使河北、河东，不烦兵力守御的。如今反要替他出兵伐宋，如何肯答应呢？于是刘豫自签乡兵三十万，叫他的儿子刘麟（出寿春，犯合肥）、侄儿刘猊［自涡口犯定远（如今安徽的定远县）］和孔彦舟［自光州（如今河南的潢川县）犯六安（如今安徽六安县——编者注：今为六安市）］三道入犯。刘猊到藕塘（镇名，在定远县东），为杨沂中所败。刘麟、孔彦舟皆引还。于是金人知道刘豫是无用的，并不能靠他抵御宋人。公元1137年，十一月，就把他废掉，而在汴京立了个行台尚书省。

于是和议开始了。和议在当时，本是件必不能免的事（参看《廿二史札记》卷二十六《和议》条）。然而主持和议的秦桧，却因此而大负恶名［当议割三镇的时候，集百官议延和殿，主张割让的七十人，反对的三十六人；秦桧也在三十六人之内，金人要立张邦昌，秦桧时为台长，和台臣进状争之。后来金朝所派的留守王时雍，用兵胁迫百官，署立张邦昌的状，秦桧抗不肯署，致为金人所执。二帝北徙，桧亦从行。后来金人把他赏给挞懒。公元1130年，挞懒攻山阳（楚州），秦桧亦在军中，与妻王氏，航海南归，宋朝人就说是金人暗放他回来，以图和议的。请问这时候，金人怕宋朝什么？要讲和，还怕宋朝不肯？何必要放个人回来，暗中图谋？秦桧既是金朝的奸细，在北朝，还怕不能得富贵？跑回这风雨飘摇的宋朝来做什么？当时和战之局，毫无把握，秦桧又焉知高宗要用他做宰相呢？我说秦桧一定要跑回来，正是他爱国之处；始终坚持和议，是他有识力，肯负责任之处。能看得出挞懒这个人，可用手段对付，是他眼力过人之处。能解除韩、岳的兵柄，是他手段过人之处。后世的人，却把他唾骂到如此，中国的学术界，真堪浩叹了］，真冤枉极了。请看当时诸将的情形。

给事中兼直学士院汪藻言：金人为患，今已五年。陛下以万乘之尊，而怅然未知税驾之所者，由将帅无人，而御之未得其术也。如刘光世、韩世忠、张俊、王瓔之徒，身为大将，论其官，则兼两镇之重，视执政之班，有韩琦、文彦博所不敢当者；论其家，则金帛充盈，锦衣肉食；舆台厮养，皆以功赏补官；至一军之中，使臣反多，卒伍反少。平时飞扬跋扈，不循朝廷法度；所至驱虏，甚于夷狄；陛下不得而问，正以防秋之时，责其死力耳。张俊守明州，仅能少抗；奈何敌未退数里间，而引兵先遁？是杀明州一城生灵，而陛下再有馆头之行者，张俊使之也……陛下……以……杜充守建康，韩世忠守京口，刘光世守九江，而以王瓔隶杜充，其措置非不善也。而世忠八九月间，已扫镇江所储之资，尽装海船。焚其城郭，为遁逃之计（注意！后来邀击宗弼，无风不得动的，就是这海船。

因为要装载资储，又要预备入海，所以不得不大）。洎杜充力战于前，世忠、王瓔，卒不为用；光世亦晏然坐视，不出一兵；方与韩祒朝夕饮宴，贼至数十里而不知；则朝廷失建康，虏犯两浙，乘舆震惊者，韩世忠、王瓔使之也；失豫章而太母播越，六宫流离者，刘光世使之也……诸将以负国家，罪恶如此；而俊自明引兵至温，道路一空，民皆逃奔山谷。世忠逗留秀州，放军四掠，至执缚县宰，以取钱粮；虽陛下亲御宸翰，召之三四而不来；元夕取民间子女，张镫高会……瓔自信入闽，所过要索千计；公然移文曰：无使枉害生灵，其意果安在哉？臣观今日诸将，用古法皆当诛……（**按此疏上于公元1130年，即建炎四年。读者可自取一种编年史，把建炎三四年的兵事参考。**）

起居郎胡寅上疏言：……今之赏功，全阵转授，未闻有以不用命被戮者。……自长行以上，皆以真官赏之；人挟券历，请厚俸，至于以官名队……煮海榷酤之入，遇军之所至，则奄而有之；阛阓什一之利，半为军人所取。至于衣粮，则日仰于大农；器械则必取之武库；赏设则尽出于县官……总兵者以兵为家，若不复肯舍者，曹操曰：欲孤释兵，则不可也，无乃类此乎？……诸军近者四五年，远者八九年，未尝落死损逃亡之数，岂皆不死乎？……（**参看本卷第十章第三、五、六节。观此可知当时所有的税入，为诸将分割殆尽。**）

以上都见《文献通考》卷一五四。马端临也说："建炎中兴之后，兵弱敌强，动辄败北，以致王业偏安者，将骄卒惰，军政不肃所致。""张、韩、刘、岳之徒……究其勋庸，亦多是削平内难，抚定东南耳；一遇女真，非败即遁；纵有小胜，不能补过。"（韩世忠江中之捷，是乘金人不善用水兵，而且利用大船的优势，幸而获胜；然亦终以此致败。大仪之战，只是小胜；当时金人以太宗之死，自欲引归，和世忠无涉；参看《金史》便知。岳飞只郾城打了一个胜战。据他《本集》的捷状，金兵共只一万五千人；岳飞的兵，合前后的公文算起来，总在二万人左右，苦战半日，然后获胜，并不算什么稀奇。《宋史》本传，巧于造句，说"兀术有劲兵号拐子马，是役以万五千骑来"，倒像单拐子马就有一万五千，此外还有无数大兵，岳飞真能以寡击众了。以下又铺张扬厉，说什么"磁相、开德、泽潞、汾隰、晋绛，皆期日与官军会"；"自燕以南，金人号令不行"；真是说得好听，其实只要把宋、金二《史》略一对看，就晓得全是瞎说的。十二金字牌之召，《本传》可惜他"十年之功，废于一旦"，然而据《本纪》所载，则还军未几，就"诸军皆溃"了。进兵到朱仙镇，离汴京只四十多里，更是必无之事。郾城以外的战绩，就全是莫须有的。最可笑的，宗弼渡江的时候，岳飞始终躲在江苏，眼看着高宗受金人追逐；《宋史》本传，还说他清水亭一战，金兵横尸十五里。那么，金兵倒好杀尽了——韩、岳二人是最受人崇拜的，然而其战绩如此。至于刘光世，则《宋史》本传说他的话，就已经够了。依我看，倒还是张俊，高宗逃入海的时候，在明州，到底还背城一战。）这种兵，好靠着他谋恢复否？

然而既不能言和，这种兵就不能去；留着他又是如此；真是载胥及溺了。幸而当时有一个机会。

原来金朝的王位继承法（从太祖以前，只好说是生女真部族节度使的继承），是不确定的（把王位继承看成是一件很重大的事情；除掉合法应继承的人以外，都有凛然不可侵犯的意思；这是君主专制政体几经进化以后的情形。像女真这种浅演的国家，当然没有这种观念）。景祖就舍长子劾孙而传位于世祖；世祖、肃宗、穆宗，都是兄弟相及（《金史》说都是景祖之意。世祖、肃宗之间，又越掉一个劾孙）；康宗以后，又回到世祖的儿子（世祖共有十一个儿子，三个是做金主的）；太宗又传太祖的儿子；大约是只凭实际的情势，毫无成法可言的。那么，就人人要“觊觎非分”了。至于实权，这种侵略主义的国家，自然在军人手里。金初用兵，常分为左右两军。其初都元帅是辽王杲；左副元帅是宗望，右副元帅是宗翰。辽王死后，宗翰以右副元帅兼都元帅（宗翰就有不臣之心）。宗望死后，代以宗辅。这时候都死了。军人中老资格，只有宗弼和挞懒。而挞懒辈行又尊，和内里的宗隽（右相）、宗磐（太师领三省事，位在宗幹上），都有异志。干国政的宗幹、斜也，制不住他。这种人，自然是不关心国事的。于是宋朝利用这个机会，差王伦到金朝去，“求河南地”（公元1137年二月）。就是这一年，金朝把刘豫废了。十二月，王伦从金朝回来，说金朝人答应还二帝的梓宫，及太后，和河南诸州（把时间核起来，金朝人是先有还宋朝河南之意，然后废掉刘豫的。王伦的外交，也很为有功，不过《宋史》上也把他算作坏人了）。明年三月里，高宗就用秦桧做宰相，专意言和。十月里，王伦闻着金使萧哲、张通古来，许先归河南诸州，徐议余事。

- （一）景祖
  - 劾孙——撒改——宗翰
  - （二）世祖
    - （五）康宗
    - （六）太祖
      - 宗峻—（八）熙宗
      - 宗幹—（九）海陵庶人
      - 宗望
      - 宗弼
      - 宗辅——（十）世宗
      - 宗隽
    - （七）太宗——宗磐
    - 杲——斜也
  - （三）肃宗
  - （四）穆宗——挞懒

平心而论：不烦一兵，不折一矢，恢复河南的失地，这种外交，如何算失败？主持这外交的人，如何算奸邪？却不料金朝的政局变了：这是无可奈何的事，也是不能预料的事；就能预料，这种有利的外交，也总得办办试试的；如何怪得办这外交的人？把河南还宋，宗幹本是不赞成的，但是拿这主持的人，无可如何。到后来宗弼入朝，形势就一变了。于是宗磐、宗隽，以谋反诛。挞懒以属尊，放了他，仍用他做行台尚书右丞相。谁想挞懒走到燕京，又有反谋。于是置行台尚书省于燕京，以宗弼领其事；而且兼领元帅府。宗弼遣人追杀挞懒，大阅于祁州（如今直隶的祁县——编者注：今河北安国市），把到金朝去受地的王伦捉起来（公元1139年七月），发兵重取河南、陕西，而和议遂破。

宗弼入河南，河南郡县多降。前锋到顺昌（如今安徽的阜阳县——编者注：今为阜阳市），为刘锜所败。岳飞又在郾城（如今河南的郾城县——编者注：今为漯河市郾城区）把他打败。宗弼走，还汴京。娄室入陕西，吴璘出兵和他相持，也收复许多州县［韩世忠也进兵复海州（如今江苏的东海县）。张俊复宿（如今安徽的宿县——编者注：今为宿州市）、亳（如今安徽的亳县——编者注：今为亳州市）］。这一次的用兵，宋朝似乎是胜利的。然而顺昌、郾城，宗弼是以轻敌致败，再整顿前来，就不可知了。陕西不过是相持的局面，并无胜利之可言。持久下去，在宋朝总是不利，这是通观前后，很可明白的。当时诸将的主战，不过是利于久握兵柄，真个国事败坏下来，就都一哄而散，没一个人肯负其责任了。所以秦桧不得不坚决主和，于是召回诸将。其中最倔强的是岳飞，乃先把各路的兵召还，然后一日发十二金字牌，把他召回。公元1201年，和议成，其条件是：

> 宋称臣奉表于金（金主册宋主为皇帝）。
>
> 岁输银绢各二十五万两匹。金主生辰及正旦，遣使致贺。
>
> 东以淮水、西以大散关为界。

宋朝二十六路，就只剩两浙、两淮、江东西、湖南北、四川、福建、广东西十五路；和京南西路襄阳一府，陕西路的阶、成、秦、凤四州。金朝对宋朝，却不过归还二帝梓宫及太后。

这种条件，诚然是屈辱的。所以读史的人，都痛骂秦桧，不该杀岳飞，成和议。然而凡事要论事实的，单大言壮语无用。我且再引《金史》郦琼的一段话（见本传。按郦琼是刘光世部下。南渡诸将中，刘光世最骄蹇不用命。公元1137年，张浚做都督的时候，把他免掉，以大兵隶都督府，郦琼就叛降齐），以见当时倘使续战，到底能胜不能胜。

语同列曰：琼常从大军南伐；每见元帅国王（按指宗弼），亲临阵督战；矢石交集，而王免胄，指挥三军，意气自若……亲冒锋镝，进不避难；将士观之，孰敢爱死？……江南诸帅，材能不及中人；每当出兵，必身在数百里外，谓之持重；或习召军旅，易置将校，仅以一介之士，持虚文谕之，谓之调发；制敌决胜，委之偏裨；是以智者解体，愚者丧师；幸一小捷，则露布飞驰，增加俘级，以为己功，敛怨将帅；纵或亲临，亦必先遁，而又国政不纲；才有微功，已加厚赏；或有大罪，乃置不诛。不即覆亡，已为天幸，何能振起邪？

和议既成，便可收拾诸将的兵柄了。当时韩、岳、张、刘和杨沂中的兵，谓之御前五军。杨沂中（中军）常居中宿卫。韩（后军）、岳（左军）、张（前军）、刘（右军）都驻扎于外。刘光世的兵降齐后，以吴玠的兵升补，四川离下流远，和议成后，仍用帅臣节制。对于韩、岳、张则皆授以枢府，罢其兵柄，其中三人被召入朝，岳飞到得最晚，不多时，就被秦桧杀掉。这件事，本书篇幅无多，且莫去考论它的是非曲直（但要注意的：据《宋史·张宪传》，则宪的谋还岳飞兵柄，并不是莫须有的事）。从三宣抚司罢后，他的兵都改称某州驻札御前诸军，直达朝廷，帅臣不得节制。骄横的武人既去，宋朝才可以勉强立国了。我如今请再引《文献通考》所载叶适论四大屯兵的几句话（按四大屯兵，就是指韩、岳、张和吴玠的兵），以见得当时的情形。

……诸将自夸雄豪，刘光世、张俊、吴玠兄弟、韩世忠、岳飞，各以成军，雄视海内……廪稍惟其所赋，功勋惟其所奏；将版之禄，多于兵卒之数；朝廷以转运使主馈饷，随意诛剥，无复顾惜。志意盛满，仇疾互生……其后秦桧虑不及远，急于求和，以屈辱为安者，盖忧诸将之兵未易收，浸成疽赘，则非特北方不可取，而南方亦未易定也。故约诸军支遣之数；分天下之财，特令朝臣以总领之，以为喉舌出纳之要。诸将之兵，尽隶御前；将帅虽出于军中，而易置皆由于人主……向之大将，或杀或废，惕息俟命，而后江左得以少安……

看了这一段，也可以知道当时的措置，实在有不得已的苦衷了。总而言之，古人滥得美名，或者枉受恶名，原不同咱们相干，不必要咱们替他平反；然而研究历史，有一件最紧要的事情，便是根据着现代的事情，去推想古代事实的真相（根据着历史上较为明白、近情的事情，去推想糊涂、荒诞的事情的真相）。这么一来，自然见得社会上古今的现象，其中都有一个共通之点。得了这种原则公例，就好拿来应用，拿来应付现在的事情了。所谓“臧往以知来”。历史的用处，就在这里。倘使承认了历史上有一种异乎寻常的人物，譬如后世只有操、莽，在古代，却有禅让的尧、舜；现在满眼是骄横的军阀，从前偏有公忠体国的韩、岳、张、刘。那就人的性质，无从捉摸；历史上的事实，再无公例可求；历史可以不必研究了。[1]

第三节　海陵的南侵和韩侂胄的北伐

绍兴和议成后，宋朝和金朝，又开过两次兵衅：一次是海陵的南侵，一次是韩侂胄的北伐。

金海陵是一个狂谬的人。乘熙宗晚年，嗜酒昏乱，弑之。从上京（会宁府，如今吉林阿城县南——编者注：今为哈尔滨市阿城区）迁都到燕京（公元1153年），后来又迁都于汴（公元1160年）。想要灭宋，以统一天下。公元1162年，就发大兵六十万入寇。

金海陵兵分四路（一支从蔡州瞰荆襄，一支从凤翔攻大散关，一支从胶西走海路窥临安，海陵自将大兵，从涡口渡淮），声势颇盛。宋朝这时候，宿将只有个刘锜，被称为总统诸军。刘

---

1 本节所涉对岳飞、秦桧的评价与主流观点不同，系作者一家之言，乃因民国初年军阀骄横有感而发。——编者注。

锜自守楚州，叫别将王权守淮西。权不战自溃；刘锜也老生病，不能带兵，退守镇江；淮南尽陷。海陵到采石，想要渡江，形势甚险。幸而金朝内乱起来。海陵两次迁都，都大营宫室；又为伐宋起见，籍民为兵，大括民马：于是群盗大起。海陵却一味隐讳，有提及的人便获罪；于是群下亦相率不言；遂将群盗置诸不顾，依旧出兵伐宋，授甲时候，就有逃亡的。猛安完颜福寿等，跑到东京（辽阳）拥立世宗。海陵听得，要把所有的兵，尽行驱之渡江，然后北归。不期宋中书舍人虞允文奉命犒师，收王权的散卒，把他杀得大败。于是海陵改趋扬州，至瓜洲（镇名，在如今江苏丹徒县西——编者注：今为镇江市丹徒区），为其下所弑。金兵北还。宋人乘机收复两淮州郡，又东取唐、邓、陈、蔡、海、泗，西取秦、陇、商、虢诸州，兵势颇振。

公元1162年，高宗传位于孝宗。孝宗是个主张恢复的，起用张浚，做两淮宣抚使。张浚派李显忠、邵弘渊两人出兵。李显忠复灵璧（如今安徽的灵璧县），遂会邵弘渊复虹县（如今安徽的虹县——编者注：今为泗县），又进取宿州。显忠置酒高会，不设防备。金副元帅纥石烈志宁来援，显忠之兵大溃于苻离（在宿县境内，事见《金史·志宁传》。《宋史》把败兵之罪，全推在邵弘渊身上，殊靠不住）。于是恢复之议，遂成画饼。金世宗初以承海陵骚扰之后，不欲用兵，但令元帅府防御河南。迁延年余，和议不成，就再令元帅府进兵，陷两淮州郡。公元1165年，和议成：（一）宋主称金主为叔父。（二）岁币银绢各减五万两匹。（三）疆界如绍兴时。

孝宗从和议成后，仍不忘恢复，尝教阅禁军，措置两淮屯田；惜乎积弱之势，不能骤振；而金又正当全盛；终于空存虚愿。公元1189年，孝宗传位于光宗，称寿圣皇帝。光宗后李氏，和孝宗不睦，宦者又乘间离间，光宗却也有病，不能常去朝见寿皇。这本算不得什么事情，而宋朝士大夫，一种群众心理的作用，却又因此表现，把它当作一个大问题，时时犯颜直谏。公元1194年，孝寿皇崩，光宗托病不出，叫儿子嘉王扩出来主持丧事。于是宰相赵汝愚，托阁门使韩侂胄，去白高宗的皇后吴氏，说：皇帝久病不出，人心惊慌，京城里的秩序，怕要保持不住，请他出来做主，叫光宗传位于嘉王，于是内禅之事遂成。嘉王即位，是为宁宗。这件事本来是无甚关系的，只因宋朝士大夫喜欢立名；找着一点事情，便要小题大做，反而弄得不妥帖（当时迫光宗内禅的理由，不过说是人心惊慌，秩序要保持不住。其实中国历代的百姓，和官府都没甚关系，何况朝廷？只要当“士大夫”的人少造几句谣言，就皇帝病一百年，秩序也不会乱的）。传位之事既成，其中却就有点功可居，就有点权力可争；于是政海上又起了波澜，赵汝愚反为韩侂胄所排挤而去，却又这时候“道学”之论已盛，韩侂胄虽能排去赵汝愚，然赵汝愚是道学中人，韩侂胄就要“不为清议所与”。于是想立点功劳，“以间执人口”，而伐金的事情又起。

金世宗以公元1189年殂，孙章宗立。北边的部族，叛乱了好几年。山东、河南，又颇有荒歉的地方。就有善于附会的人，对韩侂胄说，金朝势有可乘。韩侂胄这时候，已经有了成见，自然信以为真。于是用皇甫斌守襄阳，郭倪镇扬州，吴曦督四川，暗中做伐金的预备。初时还不敢显然开衅，只是时时剽掠金朝边境。到公元1206年，就下诏伐金。金章宗起初听得宋人要和他开衅，还不相信，把入告的人给了个杖戍之罪（所以这一次的兵衅，实在其曲在宋）。到边境屡次被掠，才命平章政事仆散揆，于汴京设立行省，调集河南诸路的兵，听其便宜行事。到宋人下诏伐金，金人也就举兵南下。这时候，金人的兵力，确已不济；然而宋朝的兵，无用更甚。屡战皆败，襄阳淮东西多陷（其间吴曦又以四川叛降金，宋朝更为吃紧。幸而金朝接应的兵还没有到，就为转运使安丙所诛）。于是韩侂胄又想议和。派邱密督视两淮军马，叫他暗中遗书金人。金人复书，要得韩侂胄的头。侂胄大怒，和议又绝。然而宁宗的皇后杨氏，又和韩侂胄有隙（宁宗皇后韩氏崩后，杨贵妃曹美人俱有宠。韩侂胄劝宁宗立曹美人，宁宗不听）。于是趁此机会，叫他的哥哥杨次山，和礼部侍郎史弥远合谋，把韩侂胄杀掉，函首以畀金，和议乃成。韩侂胄固不足取，然而宋朝的举动，也未免太失体面了。这一次的和议，银绢各增十万两匹；疆界和两国君主的关系，仍如旧时。

第七章　南宋金元的兴亡

第一节　蒙古的由来

章宗以后，金朝的势力，也日渐衰微，蒙古就要崛起了。蒙古到底是怎样一个民族？本来住在什么地方？为什么忽然强盛起来？关于这种问题，《元史》上一个字也没有，真是荒谬绝伦。

清朝的洪文卿说："蒙古就是《旧唐书》的蒙兀室韦（《新唐书》作蒙瓦），在望建河南。望建河，就是如今的黑龙江。"（《元史释文证补》卷二十七）这句话是不错的。但是蒙古人常自称为鞑靼（《元秘史》便如此，但写作达达。元朝逃到漠北，数传之后，仍自称为鞑靼），宋朝人的记载也早就称它鞑靼；这又是什么缘故？

室韦，《魏书》说：“盖契丹之类；在南者为契丹，在北者号为室韦。”又说：“其语与奚契丹同。”《唐书》说：“鲜卑之别部。”又说：“其语言，靺鞨也。”按现在满蒙的语言，相同的很多；室韦酋长，号为“余莫弗瞒咄”，分明是一句靺鞨话。《魏书》说，“其语与奚契丹同”，当是就其近于契丹者而言之；因此便把它认为契丹的同类；契丹是鲜卑，《唐书》就说它是鲜卑的别部；这是和契丹接近的结果。论其民族的本来，实在和靺鞨近，和鲜卑远（参看中古卷第十一章第四节，和本卷第八章第一节）。

室韦的分布，当南北朝时候，是：

南室韦　在㮈水流域（《唐书》作猱越河，亦作那河，如今的嫩江）。

北室韦　从南室韦北行十日，依吐纥山而居。

钵室韦　从北室韦北行千里，依胡布山而居（吐纥山、胡布山，都该在如今的兴安岭山脉中）。

深末怛室韦　在钵室韦西南四日行，因水为号（屠氏《蒙兀儿史记》说：阿穆尔省结雅河，东源曰昔林木迪，译言“黄曲水”。是句蒙古话，就是深末怛的异文）。

大室韦　在深末怛室韦西北数千里（《魏书》说：“径路险阻，言语不通。”这一定过兴安岭，入西伯利亚南境了）。

《唐书》所载部名更多，然而分布的地方，并无异同

（《五代史》说分三部：一曰室韦，二曰黄头室韦，三曰兽室韦。《辽史》有单称室韦的，又有大小黄室韦。部名的多少，是由于中国和它交通有盛衰，因而所知有多少；亦许有时但举其大别，有时却详其分部；又中国人所指目的部落，和它实际的区分，也未必尽能密合。所以《北史》《唐书》《五代史》所举部族之数，多少悬殊，并无可疑）。质而言之，就是嫩江流域和黑龙江流域（包括鄂嫩、克鲁伦、什勒喀三条水）。

鞑靼又是什么？

《五代史》：鞑靼，靺鞨之遗种。本在奚契丹之东北；后为契丹所攻，而部族分散：或属契丹，或属渤海，别部散居阴山者，自号鞑靼。后从克用入关，破黄巢，由是居云代之间。

《黑鞑事略》：黑鞑之国，号大蒙古。沙漠之地有蒙古山；鞑语谓银曰蒙古。女真名其国曰大金，故鞑名其国曰银。

《古今纪要》：鞑靼与女真同种，皆靺鞨之后；其居混同江者曰女真，居阴山北者曰鞑靼。鞑靼之近汉者曰熟鞑靼，远汉者曰生鞑靼。生鞑靼有二：曰黑，曰白，皆事女真。黑鞑靼至忒没真叛之，自称成吉思皇帝。又有蒙古国，在女真东北。我嘉定四年，鞑靼始并其名号，称大蒙古国。

《蒙鞑备录》：鞑靼始起，地处契丹之西北；族出于沙陀别种，故历代无间。其种有三：曰黑，曰白，曰生（按生熟自指其距汉之远近，不得和黑白并列为种别，这句话是错的）。所谓白鞑靼者，颜貌稍细。所谓生鞑靼者，甚贫，且拙，且无能为，但知乘马随众而已。今成吉思皇帝及将相大臣，皆黑鞑靼也。

综合以上诸说，则：鞑靼居地，在于阴山；因其距汉的远近，而有“生”“熟”之称；又因其颜貌和生计、程度、文明程度的不同，而有“黑”“白”之别；成吉思是黑鞑靼；诸说都无异辞。所不同的是：鞑靼一族或说出于靺鞨，或说其出于沙陀。又黑鞑靼，或说就是蒙古；或说鞑靼之外，又有蒙古国。

按“靺鞨为契丹所攻，部族分散”，《唐书》并没这句话。契丹当太祖以前，正值中衰时代，而渤海盛强，似乎不得远攻靺鞨。《满洲源流考》据《册府元龟》，“黑水酋帅突地稽，隋末率部落千余家内属，处之营州。唐武德初，以其部落置燕州”。说为契丹所攻的，就是这一支，应当不错。为契丹所攻后，别部散居阴山；后来沙陀也住到阴山来（见本卷第二章第五节），两族接近，血统自然不免混淆。或说它是靺鞨，或说它是沙陀，都不为无据。

至于蒙古，则就是《唐书》的蒙瓦室韦，在望建河之南；后来成吉思汗的兴起，在斡难克鲁伦两河流域，断不得在阴山；如何会和黑鞑靼是一？若说别有蒙古国，为黑鞑靼所并，则其合并，在于何时？成吉思汗的兴起，又何以不闻先在阴山，后来才搬到漠北呢？然而蒙古人确又自称为鞑靼，这又是何故呢？按《元秘史》载成吉思汗先世的世系是：

孛儿帖赤那—巴塔赤罕—塔马察—豁里察儿蔑儿干—阿兀站孛罗温—撒里合察兀—也客你敦—挦锁赤—合儿出—孛儿只吉歹蔑儿干—脱罗豁勒真伯颜

脱罗豁勒真伯颜┬都蛙锁豁儿
　　　　　　　└朵奔蔑儿干┬别勒古讷台
　　　　　　　　　　　　　├不古讷台
　　　　　　　　　　　　　├不忽合塔吉
　　　　　　　　　　　　　├不合秃撒勒只
　　　　　　　　　　　　　└孛端察儿蒙合黑（《元史·本纪》的孛端乂儿）

孛端察儿蒙合黑—合必赤把阿秃儿—蔑年土敦—合赤曲鲁克—海都
海都┬伯升忽儿多黑申—屯必乃薛禅—哈不勒可汗
　　├察剌合领忽—想昆必勒格—俺巴孩（其后为泰亦赤兀氏）
　　└抄真斡儿帖该
屯必乃薛禅—把儿坛把阿秃儿—也速该把阿秃儿—成吉思汗

孛儿帖赤那，译言“苍狼”；其妻豁阿阑马勒，译言“惨白牝鹿”；乃是两个人名。《蒙文秘史》如此。《大典》本的《秘史》（就是如今通行的《元秘史》），乃明初人所译。译的时候，意在于考究蒙古的语言，而不在研究其历史；所以于人名的旁边，也但注其意义，而不表明其为一个人名。后来辑这本《元秘史》的人，不懂得蒙文，只把旁注的正文直抄下来，就变作“当初蒙古人的祖，是一头苍色的狼，和一头惨白色的牝鹿”，讹为狼鹿生人的怪谈了。孛儿帖赤那，和豁阿阑马勒，同渡腾吉思水，东至斡难河源之不儿罕合勒敦山。不儿罕合勒敦山，即今车臣土谢图两部界上的布尔罕哈勒那都岭。腾吉思水，未详。《蒙古源流考》说：布尔特齐诺（孛儿帖赤那的异译）是土伯特智固木赞博汗的第三子（参看中古卷第十四章第三节）。因而有人说：蒙古王室，系出吐蕃。腾吉思水，就是西藏的腾格里池［我从前作《蒙古种族考》一篇（登载在《大中华》杂志里），也持此说］。然而《源流考》一书，全为表章喇嘛而作；其“援蒙古以入吐蕃”的话，全不足信。腾吉思究竟是什么水，究以阙疑为是。据我测度，不过在如今蒙古地方。孛儿帖赤那夫妇渡此水而至不儿罕山，是鞑靼人北徙的事实。十传至孛儿只吉歹蔑儿干，其妻曰忙豁勒真豁阿。按蒙古二字，异译甚多：除新旧《唐书》作蒙瓦、蒙兀，已见前外，《辽史》则作盟古、萌古，《金史》作盟古，《契丹事迹》作朦古，《松漠纪闻》作盲骨子，《秘史》则全部皆作忙豁勒。蒙古二字，见于邱处机的《西游记》；因明时修《元史》，沿用此两字，遂变成定称（详见《蒙兀儿史记》卷一）。忙豁勒真豁阿，译即“蒙古部美女”。北徙的鞑靼部落，怕到这时候，才和室韦的蒙古部结婚；从此以后，就以蒙古自称其部，正和金世祖娶了完颜部的女儿，他子孙就算作完颜部人一样——因为这时候，所用的是女系。

《蒙鞑备录》又说：

> 鞑人在本国时，金虏大定间，燕京及契丹地有谣言云：鞑靼去，赶得官家没处去。虏酋雍（金世宗），宛转闻之，惊曰：必是鞑人，为我国患。乃下令：极于穷荒，出兵剿之。每二岁，遣兵向北剿杀，谓之“减丁”。迄今中原尽能记之。鞑人遁逃沙漠，怨入骨髓。至伪章宗明昌年间，不令杀戮，以是鞑人稍稍还本国，添丁生育。

因童谣而出兵剿杀，语涉不经。然世宗初年，北边有契丹人移剌窝斡作乱，扰攘数年，牵动得很大；频年出兵，亦非无据之谈。观此，可以知鞑靼人北徙之由；而且可知道鞑靼人和女真人有很深的冤仇；后来成吉思汗南侵，守长城的白鞑靼，所以要做他的向导。

又拉施特《蒙古全史》所载蒙古人的起源，已见中古卷第十三章第四节。这一说，我已断定它就是突厥起源的异说。但是蒙古人为什么会把突厥的传说，拉来算作自己的历史呢？这也可见得元朝王室，一定系出鞑靼。因为鞑靼是靺鞨沙陀的混种，沙陀却是突厥。

如此，可以断定元室是室韦、靺鞨、突厥的混种。

《元史》在《二十四史》里头，要算最为荒谬。元朝人自已著的历史，便是《元秘史》。但是大典本不全；蒙文本不易读，亦不易得（我只晓得杭县——编者注：今为杭州市——图书馆里有一部）。能看东文的，就看日本那珂通世的《成吉思汗实录》也好。这部书，就是《蒙文秘史》的日文译本。《元秘史》后来经修改了一次，把太祖“杀掉兄弟”“给札木哈打败”等事情，都删除掉。其汉文译本，便是《亲征录》。别有颁发亲藩的，就是拉施特著《蒙古全史》所据。《源流考》也是根据此书，不过又加了些“援蒙古入吐蕃”的话（参看中古卷第十四章第三节）。欧洲人所著的《蒙古史》，要以多桑所撰为最善。洪文卿的《元史译文证补》，所据的便是多桑、拉施特两人的书。惜乎洪氏这部书，本没做成功；现在所刻的，又不是他的全本。日本田中萃一郎，却有多桑《蒙古史》译本。近人武进屠氏所著的《蒙兀儿史记》，虽未出全，而考核极精（上海商务印书馆有寄售）。至于柯氏的《新元史》已经奉大总统命令，加入正史之内，作为二十五史，当然也可供参考了。

第二节　蒙古征服漠南北

从回纥败亡以后，漠南北地方，久没有强大的民族（黠戛斯根据地在西北，所以虽破回纥，而未能代之占据漠南北。契丹兴于黄河流域，女真兴于松花江流域，在地文上，都不属于蒙古高原）。到蒙古勃兴，才再做出惊天动地的大事业。如今先得把漠南北地方，当时部族的情势，简明叙述于下。

一、翁吉剌（译名都以《秘史》为主，《元史亲征录》作弘吉剌，《源流考》作鸿吉剌）是蒙古甥舅之国。它的居地，在如今呼伦淖尔附近（《元史·特薛禅传》说：弘吉剌氏，居于苦烈儿温都儿斤，迭烈木儿，也里古讷河之地。屠氏说：如今的根河，发源后西流百余里，经苦烈业尔山之南。其北，有特勒布尔河，略与平行。苦烈业尔，就是苦烈儿。温都儿是蒙古话高山之谓。特勒布尔，就是迭烈不儿。也里古讷是额尔古纳的异译）。

二、塔塔儿　就是鞑靼的异译。和蒙古世为仇雠。其分部，有主因、阿亦里兀惕、备鲁兀惕等（主因，就是朱邪的异译，可证其为鞑靼沙陀的混种）。居地也在捕鱼儿海附近（如今的达里泊）。

三、蔑儿乞　居斡儿洹（鄂尔坤）、薛凉格（色楞格）两水流域。分部有兀都亦惕、兀洼思、合阿惕等。

四、兀良孩　《明史》作兀良哈，就是如今的乌梁海。西人说他容貌近土耳其人，当是突厥族。据《秘史》，当时游牧之地，也在不儿罕山。

五、客列（《元史·列传》作怯烈，《本纪》和《亲征录》作克烈，《源流考》作克哩叶特） 本居欠欠州（亦作谦河，如今华克穆、克穆齐克两河汇流之处。详见《元史译文证补》卷二十六），其部长默儿忽斯，生二子：长不亦鲁黑汗，次古儿罕。不亦鲁黑死后，子脱邻斡勒嗣。为古儿罕所攻，逃奔也速该（成吉思父）。也速该替他起兵逐去古儿罕。于是脱邻斡勒建牙于土兀刺沐涟（土拉河）之上（客列，有人说就是康里转音，则亦属突厥族）。

六、汪古（《亲征录》作王孤）《辽史》作乌古。此族属白鞑靼。替金朝守长城。地在如今归绥县北（参看《元史译文证补》卷一）。

七、乃蛮（亦作乃满，又作乃马） 据《元史·地理志》，本居吉利吉思（见下）。其部长亦难察可汗，生二子：长为塔阳可汗（《元史亲征录》作太阳汗），次为不亦鲁黑汗（《元史》作不鲁欲罕，《亲征录》作杯录可汗）。兄弟不和，分国而治。塔阳居金山之阳（阿尔泰山），忽里牙速兀（乌里雅苏台河）、扎八儿（匝盆河）二水之间，南近沙漠。不亦鲁黑居兀鲁黑塔黑之地，南近金山。

八、斡亦剌 就是明代的瓦剌。其部族甚多，《秘史》统称之曰秃绵斡亦剌（“秃绵”亦作“土绵”，译言万）。散居如今西伯利亚南境。

九、乞儿吉速 亦作吉利吉思，就是唐时的黠戛斯。居也儿的石河流域（额尔齐斯河）。

十、失必儿　鲜卑的异译。据多桑地图，在乞儿吉思正北（应当在如今鄂毕河流域）。

这都是当时漠南北（包西伯利亚南部）的部族，从此往西，就是回纥族了。

蒙古的渐强，在于察剌合领忽、想昆必勒格的时候。“领忽”，就是《辽史》“令稳”，“想昆”就是《辽史》“详稳”的异译（蒙古人名，都把官名别号……牵合在一起。本书不能一一分别；欲知其详，可把前节所举各书作参考），都是契丹的北面部族官。到哈不勒，才有汗号；统辖蒙兀全部。哈不勒传位于俺巴孩。蒙古与主因塔塔儿有仇，因此上，俺巴孩为主因塔塔儿所袭执，送之于金，金人以“木驴”杀之（当时的一种非刑）。俺巴孩叫使者传令给自己的儿子合答安太石，和哈不勒汗第四个儿子忽都剌，叫替他报仇。于是部族会议，共立忽都剌为可汗，入金境，败其兵。金宗卫来讨，连年不能取胜，乃议和；割西平河（克鲁伦河）以北二十七团寨给蒙古；并且每年送他牛羊米豆。这时候，是公元1147年（宋高宗绍兴十七年，金熙宗皇统七年）。忽都剌可汗和合答安太石谋报主因塔塔儿的仇；前后十三战，竟不能克。只有乙亥年一役，成吉思汗的父亲也速该获其酋长帖木真兀格和豁里不花两人；而成吉思汗适生；于是就替他题个名字唤作帖木真，以作纪念（公元1155年，高宗绍兴二十五年）。忽都剌可汗死后，蒙古没有共主，又复衰颓。而也速该又适以此时死，成吉思汗就要大遭磨难了。

成吉思汗的母亲诃额仑，是斡勒忽讷惕翁吉剌氏。成吉思汗年十三岁时（公元1167年，宋孝宗乾道三年），也速该带着他到舅家去。途遇翁吉剌惕德薛禅，把他爷儿邀到家里；把自己的女儿孛儿帖，许配给成吉思汗。成吉思汗就留住丈人家。也速该独归，为主因塔塔儿人所毒杀。先是朵奔蔑儿干娶豁里秃马敦部（拉施特说：在拜喀勒湖之东）的女儿阿阑豁阿（《元史·本纪·世系表》作阿阑果火，《源流考》作阿抡郭斡）为妻，生了两个儿子：一个名唤别勒古讷台，一个名唤不古讷台。朵奔蔑儿干死后，阿阑豁阿又生三子：一个唤作不忽合塔吉，一个唤作不合秃撒勒只，一个就是孛端察儿。别勒古讷台弟兄，疑心母亲和家里一个兀良孩的奴隶私通。阿阑豁阿说：天天夜里，总有个黄白色灰色目睛的人，来按摩我的肚子，光明直透到肚子里，所以生这三个儿子。你们看，这三个孩子，将来一定有个把贵的。后来蒙古人就称三个人之后为尼伦，意义就是“挈清”（不忽合塔吉之后为合答斤氏，不合秃撒勒只之后为撒勒只兀惕氏，孛端察儿之后为孛儿只斤氏，异译作博尔济锦，就是“灰色目睛”）；其余的支派为多儿勒斤，意义就是寻常人。也速该生时，虽统辖尼伦全部，同族忌他的人很多。也速该死后，就都离叛而去。泰亦赤兀氏和成吉思汗龉龁尤甚，成吉思汗曾经被他捉去，几乎把性命送掉，后来幸而获免。

脱邻斡勒，是受过也速该好处的，所以相结为“安答”（蒙古话，可以交托东西的朋友）。成吉思汗娶孛儿帖后，拿她嫁妆里一件黑貂裘去送他，脱邻斡勒大喜，许以缓急相助。先是诃额仑原是蔑儿乞也客赤列都的妻子，也速该途遇着抢来。这时候，也客赤列都的哥哥脱黑脱阿，替他兄弟报仇，也约了邻部，来把孛儿帖抢去。成吉思汗又约着脱邻斡勒和札答剌部长札木哈（孛端察儿曾虏一孕妇，所生前夫的儿子，名唤札只剌歹，其后为札答剌氏），把孛儿帖抢回。札木哈本是成吉思汗的安答，于是两人同牧一处，一年多，又生疏了，迁徙到别处。札木哈约泰亦赤兀等十三部来伐，成吉思汗也分军为十三翼迎之（这时候，本从札木哈的部族，弃札木哈而从成吉思的颇多，所以分军为十三翼）。战于答阑巴泐诸纳（答阑译言平川。如今呼伦淖尔西南，有个巴泐渚纳湖。湖水东北出，为班朱尼河，注呼伦淖尔），成吉思汗大败。札木哈还兵时，捉到归附成吉思汗的部长，共用七十只锅子，把他煮死，诸部恶其残暴，归心于成吉思汗的反而更多。

这时候，主因塔塔儿蔑古真薛兀勒图叛金，金丞相完颜襄讨之，至浯泐札（《金史·襄传》作斡里札，如今车臣汗右翼左旗的乌尔载河）。成吉思汗和脱邻斡勒帮助他，把蔑古真薛兀勒图攻杀。完颜襄大喜，授成吉思汗以札兀忽里之职（“札兀”，蒙古话，译言“百”。忽里和忽鲁，是同音异译。《金史·百官志》：“部长曰孛堇，统数部者曰忽鲁。”札兀忽里，大约是“百夫长”的意思），封脱邻斡勒为王。脱邻斡勒自此亦称王罕（犹言王汗）。王罕攻塔塔儿的时候，乃蛮亦难察汗乘机把他的兄弟额儿客合刺送回（本因和王罕不和，逃奔古儿罕的）。王罕还战不胜，逃到西辽。久之，复东归，走到半路上，大为饥困；差人告诉成吉思汗。成吉思汗自己去迎接他。把王罕败亡时来降的人都还他。于是王罕复振。攻破蔑儿乞，脱黑脱阿逃至巴儿忽真（在西伯利亚境）。翁吉剌等部共立札木哈为古儿罕，连兵来伐。成吉思汗击破之，翁吉剌部来降。不多时，不亦鲁黑和脱黑脱阿的儿子忽秃，泰亦赤兀部长阿兀出把阿秃儿，又联合诸部来伐。成吉思汗和王罕连兵逆之。忽然天降大雪，冷得不堪。诸部退到阔亦田之野（呼伦淖尔南边的奎腾河），不复能成军，遂大溃。成吉思汗自追泰亦赤乌，把他灭掉。

然而王罕的儿子你勒合桑昆，又和成吉思汗不合，举兵来袭。这时候，王罕兵势甚盛，成吉思汗乃暂时退避，后来出其不意，把他袭破。王罕逃到乃蛮界上，为其所杀。你勒合桑昆辗转逃到曲先（龟兹），为喀剌赤（客剌沙尔，焉耆的番名）

部主所杀。于是客列部亦亡，漠南北的强部，只剩得一个乃蛮。乃蛮塔阳罕差人去约汪古部长阿剌忽失的吉惕忽里（《元史·本纪》白达达部主阿剌忽思，《列传》作阿剌兀思惕吉忽里），同伐蒙古。汪古部却差人告诉成吉思汗。公元1204年，成吉思汗伐乃蛮。塔阳汗出兵御之，驻营于康孩山（杭爱山）合池儿水（哈随河），脱黑脱阿、札木哈等都在营里。旋渡过斡儿洹河，战于纳忽山东麓（未详为今何山），乃蛮大败。塔阳罕被擒。其子古出鲁克，和脱黑脱阿、札木哈，都逃奔不亦鲁黑。蒙古进兵金山。明年，袭杀不亦鲁黑。脱黑脱阿逃到也儿的石河，为蒙古追兵所及，中流矢而死。札木哈逃入傥鲁山（唐努山），为手下的人所执献，被成吉思汗杀掉，古出鲁克逃奔西辽。

于是漠南北尽平。公元1206年，成吉思汗就大会诸部族于斡难河的上源，受成吉思汗的尊号（这是诸部族共戴成吉思为大汗。《源流考》说：成吉思弃札木哈从牧时，诸部曾推戴为汗，这是蒙古本族的人推他为本部族的汗）。

第三节　金朝的灭亡

女真初兴的时候，它的势力真是如火如荼，却到元朝一兴，就“其亡也忽焉”，这是什么缘故？

女真的部落，很为寡弱，已见本卷第五章第二节。它的部落，不唯寡弱，而且很穷。《金史·本纪》：“康宗七年，岁不登，民多流莩，强者转而为盗……民间多逋负，卖妻子不能偿……”太祖收国二年，“诏比以岁凶，庶民艰食：多依附豪族，因为奴婢；及有犯法，征偿莫办，折身为奴者；或私约立限，以人对赎，过期则为奴者；并听以两人赎一为良。若元约以一人赎者，即从元约”。天辅二年六月，“诏有司禁民凌虐典雇良人，及倍取赎直者”。太宗天会元年，“诏比闻民乏食，至有粥子者，听以丁力等者赎之”。这都是它本部族人。又太宗诏孛堇阿实赉说：“先皇帝以同姓之人，旧有自粥及典质其身者，令官为赎。今闻尚有未复者，其悉阅赎之。”则并皇族也有鬻身为奴的了。这是为什么呢？我说，金朝人开化本晚，所居的地方又瘠薄，又累代用兵不息，这也无怪其然。然而金朝人却因此养成一种坚苦尚武的性质。《金史·兵志》说：

金兴，用兵如神：战胜攻取，无敌当世。曾未十年，遂定大业。缘其成功之速：俗本鸷劲，人多沉雄。兄弟子侄，才皆良将。部落保伍，技皆锐兵。加之地狭产薄，无事苦耕，可给衣食；有事苦战，可致俘获。劳其筋骨，以能寒暑。征发调遣，事同一家。是故将勇而志一，兵精而力齐。一旦奋起，变弱为强，以寡制众，用是道也。

《宋史·吴玠传》也说：

胡世将问玠所以制胜于璘。璘曰：璘从先兄，有事西夏。每战，不过一进却顷，胜负辄分。至金人，则更进迭退，忍耐坚久；令酷而下必死。每战，非累日不决，胜不遽追，败不至乱；自昔用兵，所未尝见也……

这不过随举两条，金朝兵强的证据，散见于各处的还很多；要是一一列举起来，怕要更仆难尽。这就是女真崛起的主要原因。

然而从进了中原以后，它这种优点，就都失掉了。原来女真的兵制，是分为千夫长、百夫长，千夫长唤作“猛安”，百夫长唤作“谋克”（**女真是兵民不分的，猛安谋克，平时就是理民之官，谓之孛堇。其兼统数部的谓之忽鲁**）。本来都是自己人。后来诸部族投降的，也都授于猛安谋克；汉人辽人也如此（**平州叛后，金人晓得治部族的制度，不能施行于内地，才依中国官制，设置长吏**）；这是因为本部族人少，不得不招徕他部族的缘故。到熙宗以后，又想把兵权都归诸本族，于是把辽人、汉人、渤海人承袭猛安谋克的，一概罢掉。南迁以后，又想用本族人来制驭汉人。于是把猛安谋克所统属的人户，搬到内地；括民田给他耕种。这种“猛安谋克户”所占的田，面积很广，纳税极轻；而且都是好田（《金世宗本纪》大定十七年，世宗对省臣说：“女真人户自乡土三四千里移来，尽得薄地，若不拘刷良田给之，久必贫。其遣官察之。”又对参政张汝弼说：“先尝遣问女真土地，皆云良田，及朕出猎，因问之，则谓自起移至此，不能种莳；斫芦为席，或斩刍以自给。卿等其议之。”其实以战胜民族，圈占战败族的地方，哪里有不得良田之理？请问中原哪里来“不能种莳”，只好“斫芦”“斩刍”的地方呢？这许多话，正是当时拘刷良田，以给猛安谋克户的反证）。然而他们的经济能力，很是薄弱的。得了这种好的家产，并不能勤垦治生。大抵是不自耕垦，尽行租给汉人。有“一家百口，陇无一苗”的，“有伐桑为薪”的。“富室尽服纨绮，酒食游宴；贫者多慕效之。”于是汉族长于殖产的好处，并没学到；本族耐苦善战的特质，倒先已失掉了。

金世宗是最想保存女真旧俗的。然而推翻海陵之后，也就定都于燕，不能还都上京。这大约因为当时的女真，都希望留居内地，不愿重还本土之故。大抵一个民族，总要往物质供给丰富的地方走的。众心难逆，金世宗虽有先见，却也无可奈何。只要看下面一段文字，就晓得当时风气变迁得如何快了。

上谓宰臣曰：会宁乃国家兴王之地。自海陵迁都……女真人浸忘旧风。朕时尝见女真风俗，迄今不忘。今之宴饮音乐，皆习汉风，盖以备礼也，非朕心所好。东宫不知女真风俗，第以朕故，犹尚存之；恐异时一变此风，非长久之计。甚欲一至会宁，使子孙得见旧俗，庶几习效之（**《世宗本纪》大定十三年**）。

十三年，四月，乙亥，上御睿思殿。命歌者歌女真词。顾谓皇太子曰：朕思先朝所行之事，未尝䛕亡，故时听此词；亦欲令汝辈知女真醇质之风。至于文字语言，或不通晓，是忘本也。二十五年，四月，幸上京。宴宗室于皇武殿。饮酒乐……上曰：吾来故乡数月矣！今回期已近，未尝有一人歌本曲者；汝曹来前，吾为汝歌。乃命宗室子叙坐殿下者皆上殿面听，上歌曲，道祖宗创业艰难，及所以继述之意。上既自歌，至“慨想祖宗，音容如睹”之语，悲感不复能声。歌毕，泣下数行……于是诸老人更歌本曲；如私家相会，畅然欢洽。上复续调歌曲，留坐一更，极欢而罢。其辞曰：……乃眷上都，兴帝之第。属兹来游，恻然予思。风物减耗，殆非昔时；于乡于里，皆非初始，虽非初始，朕自乐此；虽非昔时，朕无异视。瞻恋慨想，祖宗旧宇；属属音容，宛然如睹。童嬉孺慕，历历其处；壮岁纵行，恍然如故；旧年从游，依稀如昨……

成吉思汗的伐金，上距海陵的南迁，凡五十八年。这时候的女真人，早已有名无实了。所以蒙古兵一到，就不免溃败决裂。公元1209年，成吉思汗伐夏。夏人请降。明年，遂伐金。先是金人于河套以北筑边墙，迤东北行，直抵女真旧地。汪古部所守的，就是这边墙的要隘。汪古部既归心蒙古，成吉思汗兵来，就导之入隘；而且借以放牧之地，恣其休息。于是蒙古士气倍壮。进攻西京，留守纥石烈执中弃城遁。蒙古破桓（在如今直隶独石县北——编者注：今为河北沽源县）、抚（在如今直隶张北县北——编者注：今属河北）二州。金独石思忠、完颜承裕，以兵四十万，拒战于会河堡（在如今直隶万全县西——编者注：今属河北），大败。蒙古兵遂入居庸关，逼京城。金卫卒力战，乃退。公元1213年，卫绍王为纥石烈执中所弑，立宣宗。十月，成吉思汗自将伐金。至怀来（如今直隶的怀来县——编者注：今属河北），执中使朮虎高琪拒战，大败。蒙古兵遂围中都。高琪出战，又败。怕执中要加罪，就把执中杀掉。成吉思汗命右军攻河东，左军徇辽西，自率中军南掠山东。所过之地，无不残破；河北遂不可守。第二年正月，成吉思汗还军，屯燕城北。金人把卫绍王的女儿嫁给他，请和，蒙古兵才退出居庸。蒙古兵退后，宣宗因河北残破，迁都于汴。成吉思汗说既和而又迁都，是有猜疑之心，又进兵伐金，围中都。金朝遣兵往救，都被蒙古人杀败。明年，五月，中都遂陷。中都陷后，倘使蒙古人以全力进取，金人一定亡不旋踵。幸而有西征的事情，替他缓了一缓兵势。

公元1218年，成吉思汗拜木华黎为太师国王，经略太行以南，而自率众西征。从此到太宗南伐以前，金人仅得维持守势。金朝所受的致命伤，在于河北残破。唯河北残破故，得其地亦不可守，即无从努力于恢复（固然也未必能恢复）。而南迁以后，尽把河北的兵，调到河南，财政大为竭蹶。于是不得不加赋以足军饷；滥发钞票，以济目前之急（参看本卷第十章第七节）；经济界的情形，就弄得更为紊乱。又因怕出军饷故，想叫兵士种田；于是夺了百姓的田，去给兵士耕种；兵士未必能种，百姓倒因此失业了。于是河南、山东，也弄得所在盗起。又因宋朝罢其岁币，财政竭蹶之秋，看了这种损失，也颇有些在意。于是就想到用兵于宋，倘使侥幸胜了，不但可以复得岁币，而且还可以格外要求些经济上的利益（《金史》上说宣宗时用兵于宋的真原因是如此）。其结果，就弄得和宋朝开了兵衅。又不知为了什么原因，和夏人也开起兵衅来（连《金史》上也说不出它的原因来，只说是“疆场细故”）。于是格外弄得兵连祸结，不能专力对付蒙古了。公元1223年，宣宗死了，哀宗即位，才南请和于宋，西乞盟于夏。公元1225年，和夏人以兄弟之国成和；而宋朝人到底不答应。隔不到几年，蒙古的兵也就来了。

公元1227年春，成吉思汗伐夏。这一年夏天，成吉思汗就死了。诸将遵汗遗命，等夏主安全出降，把他杀掉，然后发丧。公元1229年，蒙古太宗立。遵成吉思汗遗意，议伐金。这时候，金人尽弃河北，从潼关到邳州（如今江苏的邳县——编者注：今为邳州市），立四行省，列兵二十万以守。公元1230年，太宗攻凤翔。明年，陷河中。叫拖雷假道于宋。宋统制张宣把他的使者杀掉。拖雷就闯入大散关（在如今陕西的宝鸡县——编者注：今为宝鸡市）。硬行通过宋境，从汉中经襄阳而北。公元1232年，正月，太宗从白坡（在河南孟津县境）渡河，叫速不台围汴。拖雷也北行与之会。金完颜哈达移剌蒲阿，本是去抵御拖雷的兵的，听得汴京被围，撤兵北上；和拖雷的兵，遇于钧州的三峰山（在如今河南禹县——编者注：今为禹州市）。大战三日夜，金朝的兵毕竟大败。于是良将锐卒都尽。阌乡行省（如今河南的阌乡县——编者注：今为河南灵宝县）和关陕总帅，撤兵东援，走到潼关，又为蒙古兵所追及，大败。于是外援全绝。幸而汴城守御甚坚，速不台连攻十六昼夜，还不能克。乃议和，蒙古退军河洛。不多时，金朝的卫卒杀掉蒙古使者三十余人，和议又绝。这时候的汴京，饥窘已甚。金哀宗出走河北，派兵攻卫州，不克。公元1233年，退到归德。蒙古速不台再进兵围汴。金西面元帅崔立以城降。蒙古尽执金太后、后妃等北去。金哀宗逃到蔡州。这时候，宋朝和蒙古，又起了夹攻之议。这一年十月里，宋朝的孟珙、江海率师会蒙古的塔察尔围蔡。明年正月，城破。金哀宗传位于族子承麟，自行烧死。承麟也为乱兵所杀，金亡。

第四节　南宋的灭亡

金朝既亡之后，宋朝断无可以自立之理。因为这时候的蒙古，断没有不想向南方侵略，断没有不全并中原就肯住手的。但是宋朝人的种种行为，也总不能辞“谋之不臧”之咎。

宋宁宗从杀掉韩侂胄之后，又任用了史弥远。宁宗无子，弥远就想援立皇太子，以自固其位。于是找到一个燕懿王德昭的九世孙与芮，先把他立作宁宗的兄弟沂惠靖王之后，再把他立为皇子，改名为竑。而把他的兄弟与莒，立作沂惠靖王之后，赐名贵诚。谁想这位皇子，却和史弥远不对。弥远大惧。公元1224年，宁宗死了，弥远就矫诏立贵诚为帝，更名昀，是为理宗。封竑为济王，出居湖州（如今浙江的归安县——编者注：今属湖州市）。湖州人潘壬起兵奉竑。竑知事不成，把他讨斩。史弥远仍旧把他杀掉。理宗却感激史弥远拥立之恩，格外一心委任他。

宋朝的罢金岁币，事在公元1216年。金宣宗命太子（哀宗）总诸军南侵。宋朝用赵方节制京湖，贾涉节制淮东军马，去抵御他。交战数年，互有胜负。这时候，山东群盗蜂起，多来降宋。宋人想借他的力量，以谋恢复，都厚抚之，却又没有力量驾驭他。于是群盗都骄横得不堪；而据楚州的李全更为跋扈。公元1219年，金朝的益都府卒张林复立府治（先是为蒙古所残破）。李全差人去游说他，张林就以京东东路诸州县来降。旋因与李全的哥哥李福不睦，叛降蒙古。而李全因张林之降，业已入据青州，蒙古人就把他围了起来。这都是宁宗时候的事情。

到公元1227年（理宗宝庆三年），李全因和蒙古大小百战，终不利，乃投降蒙古。这时候，张林已据了楚州，把李福杀掉。李全请于蒙古，复归楚州。其党大惧，杀张林以迎之。于是李全复据楚州，叛服于宋元二国之间。晓得临安守备空虚，大治舟师，颇有乘虚袭宋之意。公元1234年，赵葵才把他讨平。对付这许多内忧，已经出了一把大汗，自然就无力以对外了。

理宗既立之后十年，联合蒙古，把金朝灭掉。鉴于北宋约金攻辽，而卒亡于金的覆辙，这一次的外交，总应该谨慎将事了。却是不度德，不量力，金朝方才灭亡，武人赵葵、赵范（都是赵方的儿子），又创议收复三京。宰相郑清之也附和他。于是派知庐州全子才攻汴（金将杀崔立以降），赵葵的偏将杨谊入洛阳。既得之而不能守，却反因此和蒙古开了兵衅。襄阳、成都都给蒙古兵打破了。幸而这时候，蒙古人并没来专心对宋。上流有一孟珙，把襄阳、四川都相继恢复。公元1241年，蒙古太宗死了，定宗到公元1246年才立；立后三年而死（公元1248年）；又三年而蒙古宪宗乃立（公元1251年）。宋朝人就得偷安了好几年。

公元1257年，蒙古宪宗大举入寇，破东川。第二年二月，围合州（这时候的合州城，在如今四川——编者注：今属重庆市——合川县的钓鱼山上）。幸得守将王坚坚守不下。七月，蒙古宪宗卒于城下。据宋朝人说：蒙古宪宗是受箭伤死的。怕也有些影响，因为并没听得他有什么病。于是蒙古的兵，解而北归。然而这一次，蒙古兵的入寇，本是分两道的。宪宗攻四川，宪宗的兄弟忽必烈（就是世祖）攻湖北。宪宗的兵虽退，忽必烈却渡江围鄂州。又有兀良合台的兵从交趾北来，破静江（如今广西的临桂县）、辰沅、潭州，北行以与之会。长江中段的形势，紧急万分。宋朝这时候，史弥远已死了，理宗却又任用了一个贾似道。贾似道这个人，是个少年放荡，薄有才名，而实在是银样镴枪头的。

自己带着诸军去援鄂，一筹莫展。差人到忽必烈军中去求和，情愿称臣纳贡，划江为界。这时候，忽必烈也想争夺汗位，就利用这个机会退兵。贾似道却把这些话都隐瞒了，而以大捷闻于朝。明年，元世祖自立于开平（**如今的多伦县，后来以为上都**）。公元1264年，定都于燕。这一年，理宗也死了，度宗即位。

元世祖既和贾似道成了和议，就要派人来修好。贾似道却因讳和为胜，把他的使者都囚了起来。于是蒙古和宋朝的兵衅，就终无法解免。而宋将刘整，又因和贾似道不协故，降元，劝元人并力以取襄阳。公元1268年，元人就把襄阳围了起来。宋人竟无法救援。守到公元1273年，守将吕文焕也因忿极了，就投降了元朝。明年，度宗崩，恭帝立。元朝就派伯颜总帅诸军入寇。伯颜攻陷鄂州，叫阿里海牙留守，自率大军东下。公元1239年，贾似道的大兵溃于芜湖，元兵遂长驱入建康。伯颜分军为三：（一）阿里海牙，平定湖南北和江西。（二）阿术攻真扬诸州，以断宋淮南援师。（三）自率大军，从广德（**过独松关**）、江阴（**走瞰浦**）、平江，三道窥临安。公元1276年，诸关兵皆溃。谢太后使奉表称臣于元，不听。五月，遂和恭帝都北狩。

临安既陷，故相陈宜中立恭帝的兄弟益王昰于福州。九月，元兵从明州江西，两路进逼。陈宜中奉益王走惠州。元遂取福州。明年二月，元以北方有警，召诸将北还。宋人乘之，恢复广州、潮州。文天祥、张世杰进取江西、福建，旋败还（天祥被执）。公元1278年，益王卒于硇洲（在如今广东吴川县海中——编者注：今为吴川市）。弟卫王昺即位，迁于新会的崖山（在如今广东新会县海中——编者注：今为江门市新会区）。明年，元张弘范来袭，陆秀夫奉帝蹈海死，张世杰也舟覆于海陵山（在如今广东海阳县），宋亡。

第八章　蒙古的武功

第一节　大食盛强以后西域的形势

从来住居瘠土的民族，总想向物资丰富的地方侵略的，这也是自然之理。所以蒙古平定漠南北以后，也就想侵入中原；西征原非其始愿，却因种种的事情，引起成吉思汗的西征；使蒙古几乎统一欧亚，这也是对读史者来说很有趣味的事情。

唐中叶以前西域的情形，已略见中古卷第十四章第二节。这时候，大食日强。高宗时，灭波斯。玄宗以后，葱岭以西的地方，遂悉为所并。但是不及三百年，哈里发威权日替，东方诸酋，几于各各独立。又以其间互相吞并。于是他海尔、萨法尔、萨蛮、赛布的克斤、布叶、塞尔柱克诸朝，相继而兴（**这许多事情，都在西洋史范围里，本书不能详叙。洪氏和屠氏的**

书，都有《西域补传》和《报达补传》，亦可参考）。其从天山南北路，经过两海（咸海、里海）之北，以抵亚洲西境，则仍为回族所占据。其间又可分为三个区域：（一）伊犁河吹河流域。本西突厥故地。开元时，突骑施最强。至德后（唐肃宗年号，公元756年至公元758年），葛逻禄代之而兴（见《唐书·西突厥传》），元时谓之哈剌鲁。（二）两海之北，为康里人所据。大食历代的哈里发，爱其勇悍，多招之为兵。（三）天山南路。从回纥为黠戛斯所破后，次第侵入这个区域。至宋时，遂悉为所据。元时谓之畏兀儿（参看本卷第二章第二节）。

西辽始祖耶律大石，辽太祖八世孙。辽人立秦晋国王于南京，大石也与闻其事。南京破后，走归天祚。旋走到北庭，会十八部的王众。得精兵万余，率之而西，假道回鹘，西至寻思干（如今的撒马儿干——编者注：今为乌兹别克斯坦的撒马尔罕）。塞尔柱克遣兵来拒，大败之（《辽史》说忽儿珊遣兵来拒。按忽儿珊，是呼罗珊的异译，塞尔柱克朝的都城）。又西至起儿漫（如今的克尔曼），群下册立大石为帝（公元1124年）。东归，定都于虎思斡耳朵（在吹河流域）。传三世，而至直鲁古（参看《辽史·本传》）。

塞尔柱克朝，以公元1039年至公元1092年之间为最盛。其属地，西至小亚细亚半岛，东至喀什噶尔。公元1092年，其英主玛里克沙卒。子弟及诸将，互相纷争；属地分裂，势遂衰。玛里克沙有一个奴仆，唤作奴世的斤。玛里克沙很爱他，除其奴籍，叫他做花剌子模的部酋，“职视阃帅”。奴世的斤死后，子库脱拔丁谟罕默德嗣。乘塞尔柱克朝衰微，也僭称花剌子模沙。死后，子阿切斯嗣。耶律大石既胜塞尔柱克，又派兵去征花剌子模。阿切斯战败，被擒，立誓臣服，且约每年进贡，西辽才放了他。传子伊儿阿斯阑、孙塔喀施，都纳贡西辽，吞并东南近境。塔喀施死后，子阿剌哀丁谟罕默德嗣，以己国奉回教，西辽奉佛教，深以纳贡于异教之国为耻。恰好西辽纳了塔阳罕的儿子古出鲁克，就和他里应外合，以灭西辽（花剌子模，是个地名。就是《唐书》的货利习弥。《大唐西域记》作货利习弥迦。凡咸海西南，里海以东，阿姆河下游的地方都是。成吉思汗西征时候，阿剌哀丁谟罕默德几乎统一葱岭以西。所以《元史》称他为西域王。洪氏的书，也沿用这两个字，称《西域补传》。然这两字，毕竟不妥。所以现在还是把花剌子模四字，做它的朝名）。

古出鲁克逃到西辽，直鲁古妻之以女。古出鲁克却招集东方残众，和花剌子模内外夹攻，把西辽灭掉（公元1211年）。花剌子模先已取得寻斯干之地，从乌尔鞬赤（如今基发的乌尔根赤——编者注：今属乌兹别克斯坦）徙都之。这时候，又并有突而基思单（今译作土耳其斯坦——编者注：今为突厥斯坦），南并郭耳（亦突厥族在印度河外）。于是其疆域：南逾印度河，北至咸海、里海，西北至阿特尔佩占（如今波斯的亚塞尔拜然——编者注：今为阿塞拜疆共和国），西邻报达，赫然为西域一大国了。

然而花剌子模有兵四十万，都是康里、突厥人，和百姓不洽。王母土而堪哈敦，也是康里部酋之女。于是诸将靠着王母的声势，都十分骄恣。王母的权柄，也和国王相埒。“国虽大，本未固也”。西辽的百姓，都奉回教。西辽虽奉佛教（契丹是最信佛的），却也并不强他。乃蛮人本奉景教。古出鲁克娶西辽王女之后，又娶了一个西辽宰相之女。两女都奉佛教；古出鲁克信她们的话，也改奉佛教；而且剥夺起人民的信仰自由来；又收税甚苛；于是民心大怨。所以蒙古兵一来，两国就都土崩瓦解。

西辽和花剌子模，是当时西域的两个大国。其余有关系的部族，也得简单叙述如下：

一、不里阿耳（译名都以较通行者为主。《秘史》作孛烈儿） 就是如今的保加利亚。当时的居地，在里海之北，乌拉岭之西，浮而嘎河之东（都城同名，距喀山二百五十里）。

二、钦察（亦作乞卜察兀） 在乌拉岭西，里海、黑海以北。《元史译文证补》说：“俄书称其地曰波罗佛次，称其种人曰波罗拘齐；他国皆称奇卜察克……相传有二解：一谓突厥族派凡五，一为奇卜察克，与蒙古同属乌古斯汗之后。乌古斯汗与亦脱巴阿部战败，退至两河间。有阵亡将弁妇，怀孕临蓐；军行仓促无产所，就空树中生子。乌古斯汗收育之，名以奇卜察克，义谓空树。越十七年，乌古斯战胜亦脱巴阿人，遂降其部。未久，复叛。乃命奇卜察克往牙爱克河（乌拉河）亦脱巴阿，居中以镇抚之；因以名部。此拉施特哀丁与阿卜而嘎锡之言也。一谓荒野平地之民……语出波斯。俄之波罗物次同解。此近世西人之说也。”《蒙兀儿史记》据《元史·土土哈传》：“其先本武平北折连川按答罕山部族。自曲出徙居西北玉里伯里山，因以为氏。号其国曰钦察。曲出生唆末纳，唆末纳生亦纳思，世为钦察国主。”说钦察是东方族类；所以后来哲别、速不台对他有“我等同类”的话。则前一说似乎可据。

三、阿罗思（《秘史》作斡鲁速）　就是如今的俄罗斯。《元史译文证补》说：“唐季，此种人居于俄今都森彼德普尔（按后来通译为圣彼得堡）之南，旧都莫斯科之北。其北邻为瑞典、挪威国。国人有柳利哥者，兄弟三人，夙号雄武。侵凌他族，收抚此种人，立为部落。柳利哥故居地，有遏而罗斯之名，遂以是名部。他西国人释之曰：遏而罗为摇橹声；古时瑞典、挪威国人，专事抄掠，驾舟四出。柳利哥亦盗魁，故其地有是称……柳利哥建国，在唐咸通三年。其部初无城郭，至是建诺物哥罗特……后嗣渐拓而南，迁于计掖甫，近邻黑海。行封建之制……”愚按《唐书》“驳马者，或曰弊剌，曰遏罗支。直突厥之北，距京师一万四千里。马色皆驳，因以名国云。北极于海……人貌多似结骨，而语不相通”。遏罗支，就是遏而罗斯（驳马系他部族称之之词）。结骨，《唐书》说“其人皆长大、赤发、皙面、绿瞳”，正是白种人。然则遏而罗斯，本系北方部族之名。说它是摇橹的声音，怕未免穿凿附会了。

四、阿速　《元史译文证补》：“……希腊罗马古史……谓里海以西，黑海以北，先有辛卑尔族（按就是鲜卑）居之……厥后有粟特族（按《后汉书》作粟特，《后魏书》作粟也，也就是《汉书·陈汤传》的阖苏）。越里海北滨，自东而西，夺辛卑尔地……东汉时，有郭特族人，亦自东来……粟特族人，败溃不复振。晋时，匈奴西徙……郭特人西窜（郭特，今译通作戗特）……当郭特之未侵粟特也，有部落曰耶仄亦，居里海西，高喀斯山北（按今译通作高加索山）。亦东来族类，而属于粟特。厥后郭特匈奴，相继攘逐；独耶仄亦部，河山四塞，恃险久存。后称阿兰，亦曰阿兰尼，又曰阿思，亦曰阿兰阿思，皆见东罗马书（按《后汉书》作阿兰聊，《三国志注》引《魏略》作阿兰）。今按耶仄亦，即汉奄蔡，元阿速……明后始为俄罗斯所并，享国之久，可谓罕见……”（参看原书）

五、撒耳柯思（《秘史》作薛儿客速，又作薛儿格速）《元史译文证补》：“在高喀斯山北……今俄南境端河滨，有部落曰端司科喀杂克，即《朔方备乘》等书之端戈萨斯。其人善驰骤；俄之突骑，悉出于此……”

六、木剌夷（《元史·太宗本纪》作木罗夷，《宪宗本纪》作没里奚，《郭侃传》作木乃兮，刘郁《西使记》作木乃夷）天方教主摩诃末死后，教中的首领阿部倍壳尔、倭马尔、摩诃末的女婿奥自蛮、阿里，相继为哈里发。阿里死后，子哈山嗣。哈山死后，他的兄弟忽辛应当嗣立，而为倭马亚朝所夺。教中的人有不服的，别立阿里之后为伊玛姆。第五世伊玛姆于非而沙体，已经定以长子伊思马哀耳嗣位，后来又改立次子。什叶教人（阿里一派为什叶教），又有说“教主之位，帝鉴在兹，非可朝令夕改”的。于是推戴伊思马哀耳的儿子，是为伊思马哀耳一派。而同教的人，则称他为木剌夷，就是“舍正义入迷途”的意思。北宋中叶，教徒跑到波斯，占据里海南岸一带。其头目哈山沙巴哈，居于低楞（在里海西南滨。《元史·西北地附录》作低帘）。哈山沙巴哈的教规：“凡徒党，必应奉教，杀仇人。阴谋行刺，必致死乃已。”在头目所住的堡内，造了宫室苑囿，聚音乐佳丽于其中。拣十二到二十岁的青年，给他麻醉药吃了，带他到里面，说这就是天堂。再把他灌醉了送出去。以后便叫他去行刺。说不幸身死，就会到这天堂里的。所以都“踊跃用命，或为商贾，或为奴仆，不远千里，以行其志”（参看《元史译文证补·报达木剌夷补传》）。

以上都是蒙古西征以前，亚洲西北方的部族，再往西，就入于欧洲了。

第二节 蒙古的西征

从蒙古到西域，本来有两条路：一条是天山南路，一条是西伯利亚。成吉思汗既定漠北，就命忽必来征服哈剌鲁，畏兀儿部主亦都护巴而术阿儿忒的斤亦来朝。又命术赤平斡亦剌、吉利吉、思失必儿等部。这两条路，就都开通了。

成吉思汗伐金的时候，忽秃走到乃蛮界外，招集旧部，和古出鲁克两个人，都想趁此恢复旧业。公元1213年，成吉思汗回到喀鲁涟，派速不台追忽秃，哲别追古出鲁克。速不台杀败蔑儿乞于垂河，其酋霍滩奔钦察。哲别到垂河，宣言许人民信奉旧教。西辽旧境的人民都叛古出鲁克而降。古出鲁克逃到撒里黑昆（如今新疆蒲犁县土名，色勒库尔的异译），为哲别所追杀。西辽旧地全定。蒙古的疆域，就和花剌子模相接（公元1214年）。

这时候，有西域商人，来到蒙古。成吉思汗因之，贻书修好于花剌子模，请保界通商。花剌子模王也答应了。后来又有西域商人，从蒙古回去。成吉思汗派人随行，去购买西域的货物，共有四百多人（都是畏兀儿人）。走到锡尔河边的讹打剌城。城主伊那儿只克（土而堪哈敦的兄弟），把他们都捉起来，告诉花剌子模王，说是蒙古的奸细。花剌子模王就叫他尽数杀掉，只逃脱一个人，归告成吉思汗。成吉思汗大怒，“免冠解带，跪祷于天”，公元1219年，就起兵伐西域。

这一年五月，成吉思汗兵到也儿的石河。六月，进兵。哈剌鲁、畏兀儿和哈力麻里（在如今的伊犁，也是回族）的部酋，都率兵从行，号称六十万。花剌子模王本来晓得蒙古是个大敌；又听得细作报告，说蒙古兵漫山遍野；心上有些惧怯。想要深沟高垒，听蒙古兵“饱掠扬去”。所以蒙古兵直走到锡尔河，并没抵御的人。九月，蒙古兵逼讹打剌。分军为四：

一、窝阔台、察合台，留攻讹打剌城。

二、朮赤，扫荡西北一带。

三、诸将托海等，分兵扫荡东南。

四、成吉思汗和拖雷攻不花剌（《元史·本纪》作蒲华，如今的布哈尔），以断新旧两都的交通。

明年（公元1220年）五月，四军皆会，攻破寻思干。花剌子模王先已遁去，派哲别、速不台去追。王辗转逃到里海东南隅的小岛上，这一年十二月里，死了。子札剌勒丁（亦作札阑丁）嗣，南走哥疾宁（城名，在巴达克山西南，印度河东），这时候，成吉思汗已攻破巴惕客薛（亦作巴达哈伤，如今的巴达克山）。拖雷攻破呼罗珊，朮赤、窝阔台、察合台攻破乌尔鞬赤。除朮赤留驻西北外，三子都和成吉思汗会兵，南逾印度固斯山。前锋为札剌勒丁所败，成吉思汗兼程前进。公元1221年，十月，在申沐涟河边（印度河），把他追上。札剌勒丁已经将要渡河，成吉思汗下令，即日进薄，四面把他围起。可他到底突围而出，从数丈的高崖上，策马跃入申沐涟，凫水而去。于是派将渡河追他。明年六月，成吉思汗自带大军东还。本来想从印度走西夏的；因为路不好走，又听说西夏反了，乃仍由原路而还。这是成吉思汗自己的大军。

其哲别、速不台二将，既将花剌子模王逼入里海中小岛之后，乘胜西北进，到钦察，叫他交出霍滩来。钦察人不听。公元1221年，二将绕宽甸吉思海（里海），逾太和山（高加索山）。钦察、阿速、撒耳柯思合兵来御。众寡不敌，又迫于险，乃以甘言诱钦察，说："我等同类，无相害意。勿助他族。"钦察引退。军既出险，打败阿速和撒耳柯思。出其不意，也把钦察打败。公元1222年冬，平撒耳柯思和阿速，又打败钦察的兵。霍滩逃到阿罗思，求救于他的女婿哈力赤王穆斯提斯拉甫。公元1223年夏，战于阿里吉河（名见《速不台传》，如今入阿速海的喀勒喀河）畔的铁儿山（名见《曷思麦传》，乃地名，非山名）。阿罗思大败，死掉六王、七十侯；兵士十死其九。列城都无守备，只等蒙古兵来了便乞降。幸而二将不复深入，仅平康里而还（哲别死在路上）。

以上所述，是成吉思汗手里的事情。成吉思汗东归后，札剌勒丁也回归旧地，图谋恢复。公元1230年（太宗二年），太宗遣搠马儿罕率兵三万人西征，诸城皆降。札剌勒丁逃入山中，为冤家所杀，花剌子模朝亡。公元1234年，以迤北诸部未服，命拔都（术赤长子）、不里（察合台长子，木阿秃儿的儿子）、蒙哥（宪宗）、贵由（定宗）等西征。诸王、驸马，及诸千户、万户，各以长子从行，是为“长子出征”（因为所征的都是强部，长子出征，则兵强而多）。以拔都为元帅，速不台为先锋（旋升为副元帅）。公元1235年，出兵。明年秋，速不台破不里阿耳，杀败钦察的兵。冬，入阿罗思，攻破莫斯科。公元1237年，破其首都务拉的迷尔，分兵徇下诸城。十月，还兵攻破钦察，钦察酋长霍滩逃到马扎儿（如今的匈牙利）。合丹（定宗的兄弟）平撒耳柯思。公元1238年，定宗攻破阿速的都城蔑怯思（《元史·太宗纪·昔里钤辖传》同。《定宗纪》作木栅寨，《土土哈传》作麦怯思，《拔都儿传》作麦各思）。这一年冬天，再入阿罗思。进攻孛烈儿（如今的波兰）和马札儿，打败孛烈儿的兵。明年春，入马札儿，攻破派斯特（如今的佩斯城）。分军西略，直到如今的威尼斯。欧洲大震。明年，太宗讣音至，乃还。从此以后，西域只有木剌夷和报达（大食都城。《元史·本纪》作哈塔，《秘史》作巴黑塔惕）未服。公元1252年（宪宗二年），宪宗命皇弟旭烈兀率郭侃等西征。公元1256年，旭烈兀至西域，平木剌夷。明年，围报达。又明年，把报达打破，哈里发木司塔辛被杀掉。郭侃西行到天房（如今的麦地挪——编者注：今作麦地那），降巴儿算滩（苏丹的异译）。下其城一百八十五。又西行，到密昔儿（如今的麦西——编者注：今作埃及），降可乃算滩。遂渡海，收富浪（如今的塞普洛斯岛——编者注：今作塞浦路斯），降兀都算滩而还，于是西域全定。

在历史上，蒙古高原的部族，本来较西域诸国为强（这是因为一居沃土，一居瘠土之故）。所以匈奴、突厥等，虽然失败于东，还能雄张于西。但是匈奴、突厥的西略，都在既失败于东方之后，不过做个桑榆之补。至于合东方的部族，并力西向，则自西辽大石开其端，蒙古却更进一步；而当时的西方，又没有一个真正的强部；所以成功大而且快——突厥族雄张西域已久，蒙古西征，得到他的助力，也是成功的一大原因。

第三节　蒙古和朝鲜日本

成吉思汗的侵金，是从居庸关进兵。虽然也一掠辽西，并没认真经营。何况女真故地？于是契丹人耶律留哥，起兵隆安（就是从前的黄龙府），掠取辽东之地，自立为辽王，定都咸平（如今奉天的开原县——编者注：今为辽宁开原市）。金朝的辽东宣抚使蒲鲜万奴，也据东京自立。公元1215年，耶律留哥入觐蒙古。蒲鲜万奴乘虚袭取咸平。留哥用蒙古兵还攻，万奴投降蒙古，后来转入女真故地，叛服金元之间，自号为东夏国。又有契丹遗族，名为喊舍，乘辽东之乱，起兵侵略，后来败入高丽。百济余族，有名唤杨水尺的，做他的向导。太宗派哈真去剿办，高丽以兵来会。于是蒙古、高丽约为兄弟之国。公元1225年，蒙古使者札古与从高丽回来，道经鸭绿江，为盗所杀。蒙古说是高丽人杀掉的。公元1231年，派撒礼搭去伐高丽。高丽请和，蒙古许之。而置达鲁花赤七十人于其国。高丽的权臣崔瑀，把他尽数杀掉，而把国王搬到江华岛。于是两国兵衅复启。公元1232年，蒙古平蒲鲜万奴。高丽人洪福源，据着西京造反。兵败后，投降蒙古。又有赵晖、卓青等，以和州、永兴迤北，附于蒙古。于是轇轕愈甚。到公元1241年，和议乃成。高丽从公元1198年之后，大权为崔氏所握。到蒙古征服高丽之后，崔氏的势力才除掉。然而蒙古势力，从此弥漫全国。时时把它的地方，设立行省。高丽历代的王，都尚元朝的公主；也同化于胡俗。国王的废立，和一切内政，无不受蒙古的干涉；几乎不成为国。到元朝和高丽王氏同时倾覆，朝鲜人才算恢复自由（蒙古和朝鲜的交涉，可参看《韩国小史》。蒲鲜万奴，屠氏的书有补传）。

蒙古帝国是喜欢侵略的，是有夸大的性质的。所以朝鲜既平，又想招致日本。这件事，是发起于高丽人赵彝的。元世祖听了他，先叫高丽人去招致他，后来又自派赵良弼去，日本人不听（日本此刻是北条时宗执政）。公元1275年，就派忻都带着蒙古汉兵和高丽兵一万五千人前去伐他。攻破对马岛，陷壹岐，掠肥前沿海诸郡邑。舍舟登岸，杀到如今津佐原、百道原、赤阪一带。再回兵上船。因箭已用尽，又大风起，船多触礁，乃还。公元1281年，又命忻都、范文虎带着十五万兵东征。一偕高丽兵发合浦，一发江南，约会于壹岐、平户（《元史》作平壶）等岛。忻都兵先到对马，进攻壹岐。到宗像洋，和文虎的兵会合，泊于能古、志贺二岛。元将多苦航海，心力不齐，不肯即行进攻，于是移泊鹰岛（就是《元史》的五龙山）。忽然又见了飓风的兆头。文虎心怯，拣了坚固的船先走。诸将都弃军而归。十万多人，落在岛上，受日本人袭击，死得只剩两三万人，给日本人掳去。把南人留作奴隶，汉人、高丽人和蒙古人，全行杀掉。这一次，全军十五万人，回来的不到三万。范文虎所带江南兵十万，回来的只有三个人。世祖还要再举，以群臣多谏，又适用兵于安南，遂尔不果。

第四节　蒙古和南方诸国

蒙古对于西南的经略，从宪宗时候起。宪宗即位，命忽必烈南征大理。忽必烈从临洮西南行（临洮，如今甘肃的岷县），经山谷中，两千余里。到金沙江，乘革囊以济。大破大理的兵，其王段兴智出降［唐朝的南诏国，昭宗时，为其臣郑买赐所篡，改号大长和。后唐明宗时，又为其臣赵善政所篡，改号大天嬰。不多时，又为其臣杨义贞所篡，改号大义宁。晋高祖时，段思平代杨氏改号大理。公元1075年，为其臣杨义所篡。有一个人，唤作高升太，起兵讨灭杨氏，迎立段寿辉。传子正明，避位为僧。国人皆奉升太为王（公元1087年），改国号曰大中。公元1095年，高升太卒，遗嘱他的儿子，仍立段氏之后。他的儿子听了他的话，于是段氏仍王云南，改号后理国。公元1253年，为蒙古所灭。以其地设都元帅府，仍派段兴智一同安辑。元末之乱，段氏复据有其地。明兴乃为蓝玉、沐英所灭。以上据《续文献通考》］。忽必烈就进攻吐蕃，降其酋唆火脱。于是班师。留兀良哈台经略其地。兀良哈台尽服大理的属地和倮㑩（参看近世卷第七章第一、二节），就和后印度半岛诸国发生关系。

安南地方，本来是中国的郡县，五代时候，才自立为一国，前面第四章第四节，已经说过了。却是其南部的象林县，当后汉末年，就独立为一国，是为林邑（如今安南的广和城——编者注：今属越南）。唐肃宗时候，改号澴王。南徙于占，因之亦称占城（如今安南的平顺城——编者注：今属越南）。暹罗之地，古号扶南（参看中古卷第十四章第五节）。其东南的柬埔寨，谓之真腊。又因南北地势之不同，而有陆真腊（北）、水真腊（南）之分。唐太宗时，扶南为真腊所并。缅甸，则汉时谓之掸，唐时谓之骠，到宋时才谓之缅（亦称蒲甘）。

兀良哈台既定云南，遣使招谕安南。安南太宗（日煚。参看本卷第四章第四节）把他囚了起来。兀良哈台怒，公元1253年，发兵攻安南，破其都城。太宗逃入海岛。蒙古兵以热不能堪，班师。公元1261年，再差人去招谕。安南圣宗乞三年一贡，许之（圣宗名光昺，太宗的儿子），被封为安南国王，置达花赤七十二人。安南人请取消，不许。公元1277年，圣宗的儿子仁宗（日烜）立。元朝怪他不请命，征他入朝。仁宗不听，但遣叔父遗爱来朝。公元1281年，蒙古立遗爱为安南国王，想要用兵纳他。先是蒙古差人到占城去，使者回来，说占城国王（名失黑咱牙信合八剌哈迭儿）有内附之意。封为占城郡王。公元1282年，元朝以占城国王孛由补剌者吾前曾遣使来朝，称臣内属，叫唆都就其地设立行省。而王子补的，掌握国权，负固不服。公元1283年，蒙古发兵从广东航海伐之，打破他在港口所立的木城，入其大州。而占城仍不服。公元1284年，命阿里海牙奉皇子脱欢往讨，索性和安南挑衅，征他的兵粮。安南人答应输粮境上，而不肯助兵。蒙古人就向他借道。安南发兵来拒，蒙古兵击破之。公元1285年，转战到富良江。安南仁宗弃城而遁。蒙古兵入其都城，占城行省唆都亦来会。然而军疲粮尽，暑雨将作，疾疫发生，只得退还。为安南伏兵邀击，损失甚多。脱欢仅而得免（唆都战死）。公元1286年，立征交趾尚书省，用阿里海牙和来阿八赤做左右丞。明年，再发大兵十万往伐，薄其都城。安南仁宗又走入海。蒙古兵据了他的都城，并无施展。而从海道所运的粮，却被安南人邀击，又遭飓风，损失甚多，只得退兵，又为安南人所邀击（来阿八赤战死）。蒙古人到此也无法可施，只得因安南人来谢罪，掩耳盗铃地罢兵。

对于缅国，也曾用过好几次兵。这时候的缅国，都城在忙乃甸（就是如今的蛮得勒。《明一统志》谓之马来，《圣武记》谓之蛮得）。公元1271年，元朝遣使招谕，缅国才内附。公元1277年，因缅国和金齿（在如今云南的保山县——编者

注：今为保山市）构衅，云南行省，遣兵往伐，到江头（大约是如今的八莫），以天热还师。公元1283年，宗王相答吾儿等再率兵往征，攻破江头。明年，缅人遣使请和。公元1287年，缅王为其庶子所囚，并害其嫡子，云南王率诸军往征，到蒲甘。缅王奔白古，泛海到锡兰。元兵以粮尽而还。缅王还都，也遣使请降。公元1300年（成宗大德四年），又因缅王（的立普哇拿阿迭提牙）为其弟（阿散哥也）所弑，其子（窟麻剌哥撒八）逃奔京师。诏立为王，遣兵往问罪，亦不克而还。

蒙古的用兵，对于印度半岛，要算最为不利（对于日本的用兵，失败的原因，不在陆上，又当别论）。这全是天时地利上的关系。大抵蒙古人的用兵，利于平原，而不利于山险；而南方的暑湿，尤非北人所堪；所以屡次失败。

至其对于海上，则宋朝时候，要算三佛齐（如今的苏门答剌——编者注：今作苏门答腊）和中国往来得最密。三佛齐之南，有阇婆（如今的爪哇）。阇婆的西北，海行十五日而至渤泥（如今的婆罗洲——编者注：今作加里曼丹岛）。这都是如今的南洋群岛。又有南毗，在大海西南，从三佛齐风飘月余可至，则似乎在印度沿岸。又有注辇，《宋史》说它到广州有四十一万一千四百里路，未免说得太远了。又说注辇的东南，二千五百里，有悉兰地。悉兰地，就是如今的锡兰岛，则注辇一定在印度半岛的西岸。《元史》

说：海外诸国，以俱蓝、马八儿为最大。马八儿，就是如今的麻打拉萨；俱蓝是马八儿的后障，怕就是《宋史》所谓的注辇了。

元朝对于海外，世祖时，也曾几次遣使招谕。其来朝的有：

马八儿　须门那　僧急里　南无力　马兰丹　那旺　丁呵儿　来来　急兰亦解　苏木都刺

这许多国，因为《元史》并不载其道里、位置、风俗、物产和事迹；除马八儿和马兰丹（麻六甲——编者注：今作马六甲）、苏木都刺（苏门答腊），可以译音推求外，其余都无从强释为何地。至于用兵，则只有对爪哇，曾有过一次。更请参看近世卷第一章第一节。

第九章　元朝的衰亡

第一节　汗位继承的纷争

从成吉思称汗起，到世祖灭宋，不过八十年，蒙古几乎统一亚洲大陆，而且包括欧洲的一部分。其中固然有许多原因，而（一）这时候，中国的衰弱（包括已入中国的金言之）和（二）西方大食的不振；称雄于西域的回族，又附从蒙古，实在是两个最大的原因。

蒙古是行封建制度的，而成吉思汗的四个儿子，分地尤大。即：

术赤　分得咸海、里海以北之地。

窝阔台（太宗）分得叶密立河（名见《定宗纪》，如今新疆的额米尔河——编者注：今为额敏河）一带的地方。

察合台　分得昔浑河（锡尔河）一带。

拖雷　分得和林旧地。

这是成吉思汗打定西域以后分的。原来蒙古风俗，称幼子为“斡赤斤”，义谓“守灶”（就是承袭家产的意思），所以成吉思汗把和林旧业，传与拖雷。至于朮赤所得的，是康里以西北诸部的旧地。太宗所得的，是乃蛮旧地。察合台所得的，是西辽旧地（这是那珂通世说的）。后来定宗、宪宗两朝，两次戡定西域。其戡定西北一带，功在朮赤的长子拔都；戡定西南一带，则功在拖雷的儿子旭烈兀。所以朮赤的分地，是拔都之后为共主（西史称Km.of Kiptchak，亦称Golden Horde。参看《元史译文证补·拔都补传》）。花剌子模以南的地方，却归旭烈兀后人统辖［西史称Km. of Iran，窝阔台之后称Km. of Oghotai，亦称Naiman（乃蛮）。察合台之后，称Km. of Te Haghatai］。宋、金、夏、吐蕃、大理诸国的地方，和和林旧业，是归世祖直辖。

蒙古本来没有什么“汗”；忽图剌、哈不勒两世，才有汗号；后来又经中断；可见得就是“本部族的汗”，也是“无其人则阙”的。成吉思从和札木合分牧之后，才有汗号，这个大约是本部族的汗。平定乃蛮之后，诸部公推为成吉思汗。拉施特说：“成”是坚强的意思，“吉思”是多数的意思，犹之契丹的称“古儿汗”（“众汗之汗”的意思）。我疑心中国历史上所谓

“大汗”，就是“古儿”“吉思”……的意译。“古儿”“吉思”……字样，是随各部族的语言而异的。至于其意义，则总是所谓“众汗之汗”。其但为本部族之共主的，则但称为汗（我又疑心《后汉书》以前所称北族的“大人”，就是“汗”字的意译。参看近世卷第三章第一节）。看忽图剌汗之立，就可知道蒙古本部族的汗，是由本部族公推。看太祖做成吉思汗，就可知道所谓“大汗”，须由各部族公推。所以成吉思汗死后，大汗的继承，也还得经这公推的手续。不过以当时的人的心思，所推举的，自然总是成吉思汗的儿子罢了。

这种公举的手续，是由宗王、驸马、诸大将等，公开一大会决定的（看下文唆鲁禾帖尼主议的事情，则后妃亦得与议。大约这种会议，是并没有一定的规则的），谓之“忽烈而台”。什么人有被选举权？自然并没有一定的规定；但是在事实上，一定要限于成吉思汗的子孙，这种观念，为大家公认，也是可以推想而得的。

再者，从事实上看起来，前任大汗的遗命，对于后任大汗的被举，却极有效力。蒙古太宗之立，是由成吉思汗的遗命［但这种遗命，并不是有权指定某人为继承的大汗；不过前任的大汗，有这一句话，后来的忽烈而台，在事实上，自然遵奉他的言语罢了。从法理上说，却像前任的大汗，推荐一个人给忽烈而台。蒙古既本无所谓汗，自然没有所谓汗的继承法。

前此家族中的继承，只有所谓“斡赤斤”，但这是承袭产业的意思，全是私权的关系，和汗位继承毫不相干。对于汗位继承等，却仍是长子易于被选。这个大约因为对内的统率，对外的攻战，长子都较为有力之故。观征讨西北的强部，便要用“长子出征”的法子可知。所以成吉思汗的儿子，除去长子朮赤，有不是自己生的嫌疑外（朮赤是孛儿帖给蔑儿乞掳去之后抢回来生的。大约实在不是成吉思汗的儿子。所以当时弟兄辈里，都有些外视他，察合台和他尤为不对。曾经用这话当面抢白过成吉思汗），就轮到太宗］，所以当时的忽烈而台并无异议。太宗以后，忽烈而台推戴了定宗。定宗体弱多病，三年而殂。这时候，大汗的选举，自然不比部落寡弱的时候：（一）既无权力之可争；（二）又有对外的关系，大家都肯顾全大局，举个众望允孚的人，自不免各自运动暗斗。却是太宗在日，既说失烈门可以君天下，又说宪宗可以君天下（当时大汗的话，对于后任大汗的被举，很有效力），自然就做了两方面的借口。于是定宗死后，太宗和拖雷的后人，就都希冀本房的人当选为大汗（太宗后人一方面的候选人，自然是失烈门。但是定宗的长子忽察，也有希冀当选的意思）。但是（一）太宗后人，多不惬众望。（二）而成吉思汗把部兵分配给诸子时，拖雷以系“斡赤斤”故，所得独多［当时的观念，把部兵（人民）也当作产业］。功臣宿将大半是他的旧部。（三）拖雷死后，宪宗和他的兄弟都年幼，一切事情，都是宪宗的母亲唆鲁禾帖尼主持。唆鲁禾帖尼颇有才智，为部下所归向。（四）宗王之中，最有威望的是拔都，也和唆鲁禾帖尼联络。所以拖雷后人的势力，远比太宗后人为大。定宗死的明年（公元1249年），拔都召集忽烈而台于阿勒台忽剌兀（在如今新疆精河县之南）。被召的人说“会议非地”，大半不到。于是约明年春，再开会于客鲁涟（这才是合法的地点），由唆鲁禾帖尼主议。太宗、定宗和察合台的后人都不到（联结以抵抗拖雷后人），拔都到后，就创议推立宪宗（置缺席抵制于不顾）。又明年（公元1251年），宪宗即位。太宗后人，就有反谋。于是宪宗杀掉定宗的可敦和用事大臣及失烈门的党羽七十人，谪失烈门为探马赤（后来忽必烈南征的时候，请令他随营效力。到宪宗自将伐宋，仍投之于水），把太宗分地，分封其后王（“众建诸侯而少其力”）。太宗的旧部，都另委亲王统带。蒙古的内争，到此就不能弥缝了。

宪宗死后，这时候的忽烈而台，自然是无公理可说的。于是世祖就索性破坏法律，自立于开平（宪宗两个兄弟，世祖开府漠南，阿里不哥留守漠北，权力地位本是相等的）。于是阿里不哥也自立于和林，被世祖打败，公元1276年乃降。而海都之变又起。海都是太宗的孙子，分地在海押立（在巴尔哈什湖东南）。以不得继承大汗，心常不平。不过兵柄为宪宗所夺，无法可想。阿里不哥和世祖争持时，海都是附于阿里不哥的。阿里不哥既降，海都仍“自擅于远”。后来得朮赤察合台后王的援助，就公然和世祖对敌（察合台死后，孙哈剌旭烈兀嗣。定宗废之，而立察合台子也速蒙哥。也速蒙哥死后，哈剌旭烈兀之妻倭耳干纳摄治其地。阿里不哥自立，立察合台孙阿鲁忽。阿鲁忽死后，倭耳干纳立哈剌旭烈兀的儿子谟拔克来沙。拔都死后，子乌拉赤嗣立，不久而死，拔都的兄弟伯勒克嗣立。伯勒克死后，世祖令拔都的儿子忙哥帖木儿代之。世祖又令哈剌旭烈兀的儿子八剌回去，辅佐谟拔克来沙。八剌既至，废谟拔克来沙而自立。死后，察合台孙尼克伯嗣。尼克伯死，察合台四世孙托喀帖木儿嗣，不久又死。海都援立八剌之子笃哇，因之得其助力。忙哥帖木儿也附于海都。只有旭烈兀之子阿八哈，以和世祖同出拖雷，所以不附海都。时和朮赤后王构衅，然而也不能钳制海都），西侵火州（如今广安城东的喀剌和卓——编者注：今吐鲁番哈拉和卓城），北犯和林。太祖诸弟的后王乃颜等，又和他联合（公元1287年，为世祖所破擒）。终世祖之世，常遣成宗和伯颜戍守漠北。成宗即位后，武宗代之。公元1301年（成宗大德五年），海都死，子察八儿立，和笃哇构衅，笃哇愿与成宗夹击。武宗立后，遣兵把察八儿打败。公元1310年，察八儿穷蹙，来降。于是太宗后王封地，全入于察合台后王。积年的兵争，虽算戡定，然而从海都称兵以来，蒙古大汗和朮赤、察合台、旭烈兀的后王，关系就几乎断绝，此后再也不能恢复。蒙古大帝国，实在就此解纽了。

世祖和海都、阿里不哥的竞争，虽幸而获胜；然从世祖以后，汗位继承的竞争，依然不绝。世祖是第一个立太子的（依汉法，而完全破坏“忽烈而台”推举的制度），然而立了又是早死。世祖死后，诸王之中，也颇有觊觎汗位的。因为伯颜是“宿将重臣”，辅立成宗，所以不曾有事变。成宗太子德寿也早卒。成宗末年寝疾，事多决于皇后伯岳吾氏。成宗死后，后欲立安西王阿难答，召之入都。然而这时候，武宗手握重兵，镇守北边，在实力上，实在不容轻视。于是和左丞相阿忽台合谋，想要断掉北道，然后拥立阿难答。右丞相哈喇哈孙佯为赞成，而暗中遣人迎接武宗。又怕他路远，来得迟，先遣使召他的亲兄弟仁宗于怀州。仁宗既入都，杀阿忽台，执阿难答和其党诸王明里帖木儿。武宗既至，就把二人杀掉，并弑伯岳吾后而自立。武宗既立，以仁宗为太子。武宗死后，仁宗即位。要立明宗为太子，旋又听了宰相铁木迭儿的话，立了英宗，而出明宗于云南。武宗的旧臣奉之奔阿尔泰山（依察合台后王）。仁宗崩，英宗立。仁宗时，铁木迭儿有宠于太后（仁宗的母亲，《后妃表》作答吉，《传》作答己），既贪且虐，仁宗也拿他无可如何。英宗时，仁宗的太后死了，才把他罢斥。不多时，铁木迭儿也死了，英宗又追举其罪。其党御史大夫铁失惧，就结党密谋弑帝，而迎立泰定帝。泰定帝既立，诛铁失及其党，泰定帝是死在上都的，子天顺帝就在上都即位，年方九岁，武宗旧臣燕帖木儿时签书枢密院事，乃暗结死党，迫胁百官，署盟迎立武宗的儿子。于是一面遣人迎接明宗于漠北，一面又遣人迎接文宗于江陵。文宗先至，摄位以待明宗。燕帖木儿举兵陷上都，天顺帝不知所终。明宗即位和林，到漠南，文宗入见，明宗暴崩。于是文宗再即帝位。文宗弑兄自立，事后不免天良发现。遗嘱皇后翁吉喇氏，必须立明宗的儿子。文宗死后，燕帖木儿要立文宗的儿子燕帖古思。皇后不可，遣使迎立宁宗，数日而卒。燕帖木儿又要立燕帖古思，皇后仍不答应，于是把顺帝迎接进京。燕帖木儿怕他即位后，追举明宗暴崩故事，迁延不肯立他。恰好燕帖木儿死了，顺帝才即位。燕帖木儿的儿子唐其势谋反，伏诛。于是追举明宗暴崩之事，毁文宗庙。迁翁吉喇后于东安州（如今直隶的东安县——编者注：今河北廊坊），把燕帖古思也窜逐到高丽，燕帖古思死在路上（大约不是好死的）。这种置君如弈棋，诚然是历代罕见的现象。其中要注意的，便是成宗、武宗，其先都戍守北边；成宗靠伯颜辅立，伯颜正是和成宗同戍北边的大将；明宗、文宗的立，还是武宗的辅臣推戴他；元朝的君位，始终只是靠兵力争夺罢了。

元系图

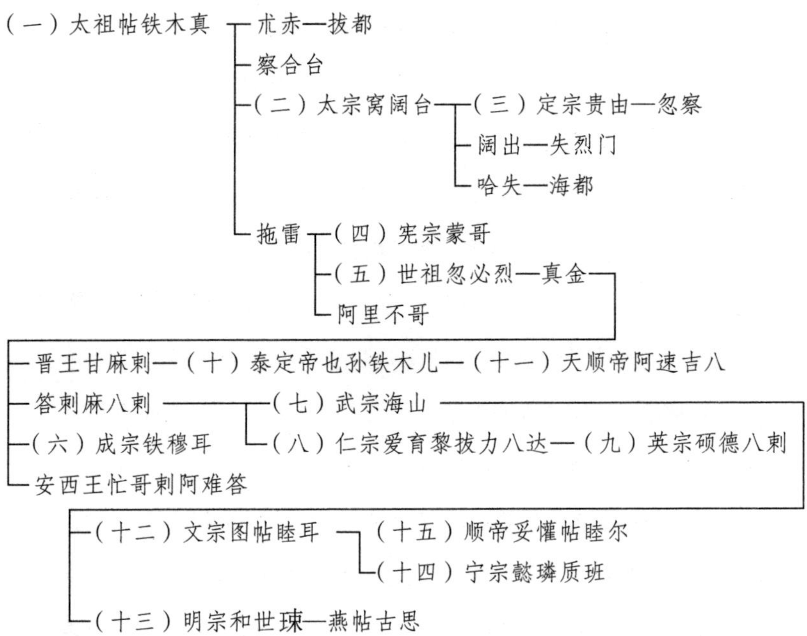

第二节　元朝的政治

蒙古人是始终并没懂得中国政治的——而且可以算始终并没懂得政治。他看中原，只是他的殖民地，只想剥削中原之人以自利。他始终并没脱离“部族思想”，其初是朘削他部族，以自利其部族；到后来，做了中国的皇帝，他的政策就变作剥削百姓，以奉皇室和特殊阶级了（罗马人的治国，就是如此。始终是朘削殖民地，以庄严他的罗马，像中国历代一视同仁的思想，专以宣传文化为己任，要想教夷狄都“进于中国”，是根本上没有的。可见中国人这种“超国家”的精神，养成也非容易。可参看南海康氏《欧洲十一国游记》）。当蒙古太宗灭金之后，近臣别迭说：汉人无益于国，不如空其人，以其地为牧地。这种野蛮思想，真是中国人梦也做不到的，给耶律楚材力谏而止（后来又要分裂州县，以赐亲王功臣。也因楚材力谏而止。都见《楚材本传》）。然而到底把降人当作“驱丁”，虽儒者亦不免。他这时候的思想，非把中国人全数作为奴隶不可，后来虽因“增进自己的利益，事实上就不得不兼顾汉人的利益”，把这种制度除掉；然而平等的思想，毕竟是他所没有的。于是把人民分为四等：第一等是蒙古人；第二等是诸部族人，谓之色目；第三等是汉人（灭金所得）；第四等是南人（灭宋所得）。权利义务，一切都不平等。他所喜欢的是工匠，所以攻打西域诸国时，敌人一拒战，城破之后，就要屠洗的，工匠却不在内。速不台攻汴时，也想城破之后，把全城屠洗。耶律楚材说：“奇巧之工，厚藏之家”，都在于此，才算住手。所看重的是商人（和王室贵戚大臣等交往的商人），所注意的，是聚敛的政策。太宗时，商贾卖货给皇室的，都得驰驿，太宗死后，后乃蛮真氏称制（定宗未立以前），信任西域商人奥鲁剌合蛮，叫他专掌财赋。至于把“御宝”“宫纸”付给他，听凭他随意填发。又下令：奥鲁剌合蛮要行的事情，令史不肯书写的，就断他的手。这种行为，说到久经进化的民族耳朵里，简直是笑话。世祖要算略懂点政治的，所行的还是这种政策。先用一个阿合马特，次用一个卢世荣，最后又用一个桑哥，都是言利之臣（后来虽然把这些人除掉，然而在蒙古人眼光里，只是说他聚敛的法子不好，并不晓得这种聚敛的政策在政治上是不行。其中卢世荣所行的政策，却又颇合理）。总而言之，蒙古人除了聚敛之外，始终不明白什么叫作政治。

好大喜功之念，又是蒙古帝国所特有的。这是由于他脑子里完全没有“不尚武功”的思想。他虽入中原，脑子里还是充塞了部族时代的“掠夺思想”。所以世祖灭宋之后，还要用兵于日本、南洋和后印度半岛；成宗时，又用兵于缅甸和八百媳妇（这一次，兵士和运饷的人，死掉好几十万）。其余诸帝的时候，没有什么兵事；不过因他们都运祚短促，继承之际，则纷争不绝，没有这余暇罢了。

对于宗教上的事情，就弄得更糟。喇嘛教入蒙古，《元史》不载。据《蒙古源流考》，则其事还在世祖以前（《元史》的帝师八思巴，《源流考》作帕克巴。《源流考》说：库裕克汗死后，他的兄弟库腾继为大汗。因患“龙魔侵祟”，延请帕克巴施治。遂于蒙古地方，大兴佛教。按库裕克汗，就是定宗。库腾是定宗之弟阔端。阔端并无继为大汗之事。《源流考》记蒙古的事情，很为疏舛。记喇嘛教的事情，自然也不能密合。但毕竟是他教中人自己说的话，总不得尽是子虚）。但是大尊崇他，总是起于世祖时候的。

《元史》说：这是世祖统治吐蕃的政策，这句话，且勿论其真伪；就是真的，也是想利用人，反给人利用了去。元朝历代帝王，没一个不崇信喇嘛教的。该教的僧侣，都佩“金字圆符”，往来元和西蕃。所过之处，都要地方官办差。驿舍不够住，就到民间去借住。驱迫男子，奸淫妇女，无所不为。在中原的，就豪夺民田，侵占财物。百姓不输租税的，就投靠他，仗他包庇。内廷年年做佛事，所费很多（延祐四年所定的额：《元史》说：“以斤计者”，是面437500，油79000，酥21870，蜜27300。他种东西，也就可推想而得了）。又因此奏释囚徒，谓之祈福；大奸巨猾，自然不免有和他通声气的。其中最骄横的如杨琏真加，至于发掘绍兴、钱唐的宋朝陵寝和大臣冢墓，共计101所；杀害平民四人；受人献美女宝物无算；而且攘夺盗取财物计金1700两、银6800两、玉带9条、玉器111件、杂宝152件、大珠50两、钞116200锭、田23000亩，包庇不输赋的人民23000户，真是中国历史上从来未有的事情。

元朝的政治，混乱如此；它的赋役，本不宽平；中叶以后，再加以钞法的败坏，民困愈甚。顺帝以后，又加以各处的天灾，于是群雄并起，他在中原的宝位，就有些坐不住了。

第三节　元朝的灭亡

元顺帝是个荒淫无度的人，佞臣哈麻、雪雪等，就乘机引进西僧，教他以“房中之术”。于是百政俱废，而哈麻、雪雪等，却趁此弄权。一个乱源就伏下了。他又娶了一个高丽微贱的女子奇氏，把她立为皇后。当元初时候，高丽人到元朝来当太监，颇有得法的。于是有一班人，争先恐后地“自宫以进”。奇皇后微时，曾经依靠一个人唤作朴不花的。到立为皇后之后，朴不花也就跟进宫来，做了阉人。于是第二个乱源又伏下了。

公元1348年，台州人方国珍起兵，入海劫掠漕运。隔了三年，白莲教徒刘福通也起兵安丰（如今安徽的寿县），奉教主韩山童之子林儿为主。又有萧县李二起兵徐州，罗田徐寿辉起兵蕲州（如今湖北的蕲水县——编者注：今为湖北浠水县），泰州张士诚起兵高邮（如今江苏的高邮县），定远郭子兴起兵濠州。南方就成了四分五裂之势了。这时候，各行省征讨多无功，丞相脱脱自请出兵。公元1352年，大破李二于徐州。公元1354年，围张士诚于高邮，士诚势已穷蹙了。脱脱和哈麻原是一党，后来又有嫌隙。脱脱出兵之后，哈麻乘机谗脱脱于奇皇后，把他削夺官爵，窜死云南。于是朝廷征剿之势一松，革命军的势力就复盛。公元1357年，刘福通分兵为三：一军出晋冀，破太原，出雁门，以攻上都（后来这支兵没在辽东）。一军出关中，陷兴元、巩昌，还攻凤翔。一军出山东，陷济南，北陷蓟州（如今京兆的蓟县——编者注：今属天津），以逼大都。福通自挟韩林儿陷汴梁，声势颇盛。先是颍州察罕帖木儿、信阳李思齐，同起兵河南征讨义军。及是，陕西行省求救于二人。二人连兵而西，打破义军，乘胜东定山西，进攻汴梁。刘福通挟韩林儿走回安丰。察罕就东平山东，围义军将领田丰于益都，田丰差人把察罕刺死。察罕的儿子库库帖木儿代总其军，攻破益都，杀掉田丰。黄河流域几于肃清了。然而南方诸军，声势渐盛。徐寿辉攻破湖北、江西，迁都汉阳。其将陈友谅进取安庆（如今安徽的怀宁县）、龙兴（如今江西的南昌县——编者注：今为南昌市），把寿辉杀掉，自称汉帝。寿辉将明玉珍，因据重庆自立，其后遂割据四川。张士诚也据有浙西，徙居平江。明太祖初起兵从郭子兴，后来别为一军，攻破滁、和二州；从采石渡江，破太平（如今安徽的当涂县），据集庆（如今江苏的江宁县——编者注：今为南京江宁区），长江流域，却全非元朝所有了。

奇皇后所生的儿子，名唤爱猷识里达腊，立为太子。奇皇后想废掉顺帝，等太子出来做皇帝，太子也想这个念头，哈麻、雪雪都与闻其事的。脱脱既贬，哈麻为宰相，雪雪为御史大夫，就想实行了，不意事机泄露，两人都被杖死，然而奇皇后和太子依然无恙。哈麻死后，太平继为宰相。奇皇后又叫朴不花去示意于他，要想行内禅。太平不答。于是奇后想个法子，又把太平去掉，搠思监为宰相。山西地方本是察罕帖木儿所平定，却又有个孛罗帖木儿驻军大同，想兼得晋冀，以裕军食。察罕不肯，两个人就争夺起地盘来，出兵相攻。陕西参政张良弼也和察罕不协，察罕又和李思齐连兵攻他。察罕死后，库库代统其军，还是如此。搠思监和库库是一党，而顺帝的母舅御史大夫老的沙却和孛罗是一党。老的沙奏参搠思监和朴不花，皇太子便言于顺帝，革掉他的官职。老的沙逃到大同，搠思监等就诬孛罗谋为不轨。于是孛罗举兵犯阙，把搠思监和朴不花都杀掉，太子逃到兴州（如今热河道的承德县——编者注：今属河北）。不多时，孛罗兵退了，太子复还大都，叫库库去讨孛罗。孛罗又举兵犯阙，太子迎战，大败，逃到库库军里。孛罗入京师，顺帝旋密遣勇士，把他刺杀（老的沙不久也被杀）。库库扈太子入京师，太子又使人谕意库库，要他用兵力胁顺帝内禅。库库不肯，于是太子和库库又不对。恰好诏封库库为河南王，叫他总统诸军，进平南方。而李思齐自以和察罕同起兵，不愿意受库库节制，反和张良弼连兵。库库进兵攻之，而库库手下的将军貊高、关保等又叛库库。于是太子乘此机会，叫顺帝下诏，削库库官爵，命太子总统天下兵马讨之。不多时，貊高、关保，都被库库打死，明兵又已逼近，元朝没法，只得恢复库库的官爵，叫他出兵抵抗，然而已是来不及了。

明太祖既据集庆之后，先平陈友谅，次定张士诚，旋降方国珍，韩林儿则先已为张士诚所虏，于是自淮以南皆定。公元1367年，命徐达、常遇春，分道北伐。胡美定闽、广，杨璟取广西。明年，太祖即位金陵。徐达、常遇春从开封、济南合兵德州（如今山东的德县——编者注：今为山东德州市），北陷通州（如今京兆的通县——编者注：今为北京市通州区），顺帝逃到应昌（在达里泊旁边。是元朝外戚翁吉剌氏的农土。元时，在漠北则和林，在漠南则开平应昌，并称重镇）。这时候，库库帖木儿，还据着山西，李思齐也据着凤翔。明太祖再遣兵进讨。库库走甘肃，思齐降。公元1370年，再命徐达攻库库，库库奔和林。李文忠出居庸关攻应昌。恰好顺帝死了，爱猷识里达腊也逃到和林。文忠获其子买的八剌和后妃官属而还。捷奏至，颁《平定朔漠诏》于天下。这时候，还有一个明玉珍的儿子升，割据着四川。公元1371年，叫汤和、傅友德，把他灭掉。云南地方，还有个元朝的梁王把匝剌瓦尔密据着。公元1381年，也派傅友德、沐英、蓝玉，把他讨定。于是元朝的遗臣，只有一个纳哈出还出没辽东。公元1387年，命冯胜、蓝玉出兵征之，纳哈出降，就命蓝玉为大将，移军北征。这时候，库库帖木儿已死，爱猷识里达腊也死了（公元1371年）。子脱古思帖木儿嗣，蓝玉袭破其众于捕鱼儿海，获其次子地保奴。脱古思帖木儿和长子天保奴走和林，依丞相咬住，至土剌河，都为其下所弑。于是“部帅纷拿”，五传至坤帖木儿，都被弑。部帅鬼力赤自立，改称鞑靼可汗，蒙古大汗的统系就此中绝了（以上据《明史》，《源流考》所载和《明史》不同，见近世卷第一章第三节）。

第十章　宋辽金元四朝的政治和社会

第一节　官制

魏晋南北朝隋唐的官制，和秦汉的官制大不相同，中古卷第十五章第一节，已经说过了。却是宋朝的官制，又和唐朝大不相同。这个变迁，都起于唐中叶以后。都是因事实变迁，而制度随着改变的。

其最显而易见的，便是中央政府。在唐朝时候，是合三省为相职；中书取旨，门下封驳，尚书承而行之（虽然后来实际上三省并不截然离立）。这时候，重要的政务，便都在六部手里。却是到后来，税法大坏，而又藩镇擅土，“王赋所入无几”。于是乎不得不舍“田税”“丁赋”，而注重于他种税目，而“盐铁使”就做了财政上的重要机关。又当经费竭蹶之秋，财政上的规划，关系甚大。而这时候的财政，又本是紊乱的，于是不得不别置一职，以从事于清厘，就又新添出一个“度支使”来（在唐朝大抵以宰相兼之，好比如今的国务总理兼财政总长）。到宋朝，便合“户部”“盐铁”“度支”为“三司”，专设一使，做了中央的财政机关了。又如“兵事”，本来是兵部专管的。“兵谋”则自然是天子和宰相，筹议于庙堂之上。却到后来，事实上又发生出一个“枢密使”来，一切政务，都要参与。这种官，最初是用宦官做的。这时候，兵权又都在宦官手里。于是枢密使和兵事，就关系独深。到后来，便渐次侵占了兵部的职权。于是“中书治民，三司理财，密院主兵”，就成了中央政府三个对立的机关了。

相职如此，其余一切官职，也都是如此。所以从秦汉的官制，变成隋唐的官制，是六部专权，九卿失职。从唐朝的官制，变迁成宋朝的官制，则是发生了许多临时特设的机关，而六部亦失其职（譬如户、兵二部的职权，都在三司和密院。礼部的职权，则在太常礼仪院。工部的职权，则分属军器监、文思院等）。

所以宋朝的官制，有一特点，便是所谓“官”者，不过用之以“定禄秩”。至于实际任事，则全看“差遣”而定——做这个官，便治这件事，也要另外“用敕差遣”的［用差遣治事，起于唐武后时候。其初先有“试官”，后来又有“员外”，这是因武后要以禄位收拾人心，所取的人太多，没有这许多官缺可给他做的缘故。但是到后来，此风便相沿下去，于是有所谓检校（近乎加衔）、摄（代理）、判（以大官兼小官）、知（兼任）等，到宋朝，便专用差遣治事］。这种官制看似错杂不整齐，却也有切于事实的好处。到神宗，才参照唐六典，改正官制。命“省、台、寺、监，各还所职”，是为元丰的新官制。元丰新官制，大抵以唐为法。然而唐朝的官制，本有两件不可行之处：其一相职分属三省，各不相涉，是事实上办不到的（所以唐朝从设政事堂以后，也不啻合三省为一）。其二则六部九卿等官，本来互相重复，其中就总有闲曹。所以元丰改正官制之后，仍不能不随事变迁。宰相不但不能三省分立，南渡以后，反多兼了一个枢密院［宋初宰相，本称同平章事，另有参知政事做他的副官。元丰新官制，仍以中书令、侍中、尚书令为相职。但因官高，实际不除人。以尚书右仆射兼中书侍郎，左仆射兼门下侍郎之职（这时候，三司的事情，都已归户部。枢密所管杂事，亦都还给兵部，专以本兵为务。枢密和兵部的关系，倒像现在参谋部和海陆军部的关系）。南渡以后，以左右仆射为丞相，改两省侍郎为参知政事。旋又径改左右仆射之名为丞相，而删去三省长官虚称。则仍恢复到宋初的样子，和唐朝的制度绝不相同了。而南渡以后，又时时发生所谓御营使、国用使等名目，往往以宰相兼之。则又和唐中叶以后发生什么三司枢密等机关的情形相像。枢密院，南渡以后，每逢用兵，就用宰相兼。从开禧以后，遂为永制。总而言之，唐朝的官制，沿袭于隋。隋朝的官制，只是把南北朝的官制来整齐整齐。从唐中叶以后，久已不切于事实了。所以虽有人要墨守它，而在事实上，到底不能成功］。六部属官，除户、工二部外，南渡以后，尚有并省；九卿就更不必说了。

外官则取中央集权主义。宋初，召诸藩镇入京师，各赐以第；分命朝臣出守列郡，号为权知军州事（“军”字指兵，“州”字指民言。其本官高的，则谓之“判”），以后遂为定制。诸府州军监，都不设正官，只派文官朝臣出去治理，谓之知某某府事，知某某州军监事。就各县也不设县令，只用中朝官外补，谓之知某某县事，像是出一趟差似的。诸州又有通判，以为佐贰。长吏和通判，都得直接奏事。县令也由吏部殿最。这种制度，似乎比轻视外官、中央对于地方有些漠不相关的样子要好一点。监司之官，国初本来没有。后来才于各路设转运使，名为总一路财赋，实则于各事无所不总。又怕他的权柄太大了，于是把提点刑狱一官，从转运使属下析出，以分其权。此外专管漕运籴买的，则有发运使。常平、盐茶、茶马、坑冶、市舶等，也各设提举［但只是随事而设；有时这件事不办了，或者并归他机关管理，便可以省掉。总之，唐宋时候的使臣，是随事而设的，并没有一定的制度（譬如宋朝，到神宗时候，才认真办起事来，这时候所设的使臣就独多）。所以唐朝的道，宋朝的路，还不能认真算一个地方区划］。

其为用兵而设的，则有安抚、宣抚、招讨、招抚、经略、制置等使，也是随兵事而设。南渡以后，岳飞、韩世忠、张俊，号称三宣抚使，其权力甚大。到秦桧同金人议和，才把三宣抚使废掉，以后唯四川地方仍设一制置使（宋朝南渡以后的中央集权，四川是除外的）。又有总领财赋一官，起于张浚守四川时，命赵开经理财政。其后三宣抚司的兵，收为御前军，也各派总领财赋一员，又兼“专一报发御前军马文字”的职衔，其权限则又涉及于军政上了（这也是为集权起见）。总而言之，宋朝这等官，都是随事而设的，并没有一定的制度。宋朝的外官，分为“亲民”“厘务”两种：“亲民官”是用差遣的形式，派他出去代向来的地方官的。“厘务官”则专治一事，而直属于中央；好比现在的路、航、邮、电，不属于地方官，而属于交通部一样。这种办法，都是把向来地方官所兼管的事情，析出一部分来，归之于中央，所以宋朝能够中央集权。

辽之为国，是合耕稼游牧两种民族而成。所以它的设官，也分为南北。“北面治宫帐、部族、属国之政，南面治汉人州县租赋、军马之事。”所谓“宫帐”者，“帐”则辽主所居，谓之御帐；此外又有皇族四帐、遥辇氏九帐、国舅二帐，和渤海帐、奚王帐，都各设专官（御帐官，好比侍御禁近之官。诸帐官则好比王府官属。皇族是宗室；国舅是外戚；遥辇氏是前代君主之后；渤海奚王，都是大国，而奚王又是同种，这都是契丹的贵族）。“宫”则“辽国国法，天子践位，即置宫卫。分州县，析部族，设宫府，籍户口，备兵马。崩则扈从后妃宫帐，以奉陵寝。有调发，则丁壮从戎，老弱居守”，这是天子的禁卫军。诸宫官，好比隋唐时候的卫官，宋朝的殿前和马步两指挥司。“部族”则“部落曰部，氏族曰族”，就是“分地而居”谓之部，“合族而处”谓之族（其中有“族而部者”，就是因其同族，所以合居一处的。有“部而族者”，就是同居在一处，向来又算作一族的。有“部而不族者”，就是虽同居一地而非同族。有“族而不部者”，就是虽同族而不合居一处）。这是契丹的游牧之民。“属国”则北方游牧之族，不直接归辽国治理的。但就其酋长，授以官名，按时或者不按时来通朝贡。有兵事时，也得向其征兵；诸国但随意出兵或助粮饷，并无一定的义务。有些像南方的土司。

北面的政府，是北枢密院，视兵部；南枢密院，视吏部；北南二大王院，视户部；夷离毕，视刑部；宣徽南北院，视工部；敌烈麻都，视礼部，而北南二宰相府总之（这都是北面官中，又分南北，和“汉人州县租赋军马之政”无涉，不可误会）。南面的官，亦有三公、三师、枢密院、省、台、寺、监、卫。外官则有节度、观察、防御、团练诸使和刺史、县令。大概模仿中原的制度，无甚足述。又有一种头下州军，是宗室外戚大臣之家，自行筑城，而朝廷赐以州军之名的。这个好像古时候大夫的私邑，和普通的州军不同。

金朝的情形，又和契丹不同。契丹本来是个大部族，服属他的部族也多。金朝则自己是个小部族，用不着设官。别的部族，也没有归他统辖的。所以《金史本纪》说："生女直之俗，无书契，无约束，不可检制。"昭祖欲"稍立条教"，几乎给部众杀掉。景祖做了生女直部族节度使，才"建官属以统诸部"，然而他的官制也极为简单。《金史》说："其官长皆称曰勃极烈。"今据《金史》所载，不过都勃极烈（"总治官，犹汉冢宰"）、谙版勃极烈（"官之尊且贵者"）、国论勃极烈（"尊礼优崇，得自由者"）、期鲁勃极烈（"统领官之称"）、移赉勃极烈（"位第三曰移赉"）、阿买勃极烈（"治城邑者"）、乙室勃极烈（"迎迓之官"）、札失哈勃极烈（"守官署之官"）、昃勃极烈（"阴阳之官"）、迭勃极烈（"倅贰之职"）等，寥寥数官而已（《桓赧・散达传》："国相雅达之子也。雅达之称国相，不知其所从来。景祖尝以币与马求国相于雅达，雅达许之。景祖得之，以命肃宗。其徒撒改亦居是官焉。"《百官志》："太祖以都勃极烈嗣位，太宗以谙版勃极烈居守……其次曰国论忽鲁勃极烈。国论言贵，忽鲁，犹总帅也。又有国论勃极烈，或左右置，所谓国相也。”按“忽鲁”，就是“期鲁”的异译。“国论忽鲁勃极烈”，并不是一个官名。所以移赉勃极烈，位居第三。盖言其居国论勃极烈和忽鲁勃极烈之次。至于都勃极烈、谙版勃极烈，则系临时设置之官，并非常制。阿买勃极烈，要拓土渐广，然后有之。乙室勃极烈，亦要有了归顺的部族，然后用得着。移赉勃极烈，也总是事务繁了，然后添设的。然则金初之官，只有国论勃极烈和期鲁勃极烈而已。而这两者，又或许以一个人为之。所以《金史·百官志序》误为一官。据此看来，金初设官的简单可想）。“其部长曰孛堇，统数部者曰忽鲁”，则不过是个称号（就固有的酋长，而加之以称号），算不得特设的官。只有都元帅府里的都元帅和左右副元帅，却是金朝行军时候的制度（后来改为枢密院。这枢密院，不是仿汉制设的，是把旧有的都元帅府改的）。其余的官，便都是模仿汉制设的（大率循辽宋之旧。金朝的模仿汉制设官，起于平州叛后，其颁定官制，则在熙宗时）。

元朝初起时候，官制也极为简单。《元史》说他只有万户以统军旅，断事官以治政刑（就是达鲁花赤），到太宗才立十路宣课司（这是因为蒙古人最讲究理财，所以特立此一官，其余则毫无措置）。凡金人之来归者，都就以原官授之（如行省元帅等），以致错杂得不堪。到世祖才厘定官制，以中书省总政务，枢密院秉兵柄，御史台司黜陟（江南、陕西，都有行台），其余也都模仿汉制。所特别的，便是（一）诸官或汉蒙并置，譬如翰林兼国史院之外，又别有蒙古翰林院等。（二）则关于宗教上的官，比别一朝注重。当时设立了一个宣政院，虽说为治理吐蕃起见，其实一大半由于自己的迷信喇嘛（宣政院，掌释教僧徒，兼治吐蕃之境。遇吐蕃有事，则设分院往镇。其用人，“别自为选”。其为选，则“军民通摄，僧俗并用”）。（三）则关于工艺，设官甚多。大都和各路，都有诸色人匠总管府，此外又随处设局，如织造、绣、染、毡、皮货、窑、梵像、玛瑙、玉石、油、漆等，均各设专官（有人说：元朝这种设官，很有提倡工艺的意思，是历代所无。其实不然，元朝这种举动，不过是供给王室，于民间并没有什么影响）。（四）则关于理财的官，也较别一朝为详密（但看户部属官可知）。这是由于元朝始终没有脱离部落思想，总想损下以益上之故。而其影响最大的，就是于路、府、州、县之上，别设行省。明朝虽然把行省废掉，而各布政司的区划，都仍元行省之旧，遂致成了现在的一种庞大的行政区域（参看近世卷第十四章第一节。元朝的行政区划，是以省统路府，以路府统州县。但府亦有隶属于路之下的；州有在路府之下，而又统县的；又有与路府并列的。诸路府州县，都各置达鲁花赤，算作正官）。

第二节　学校选举

学校选举制度，当宋朝时候，也起了一次大变迁。

中国的科举制度，有摧破贵族阶级之功，中古卷第十五章第二节已经说过了。但是这种制度也有个显而易见的毛病，便是“学非所用，用非所学”。简而言之，便是所治的，都是“无用之学”。唐朝的科举，得人最多的，是明经、进士两科。所以所谓无用之学，就是“诗赋”和“帖经墨义”。“经”是从前的人不承认它是无用的。以为治经而无用，只是治经的法子不好罢了。至于诗赋的无用，却是无人能替它辩护。所以当时改革的法子，便是废掉诗赋，对于经，则改变其治法。这种主义，实行的便是王荆公。

王荆公是不赞成用“科举取士”，而赞成用“学校养士”的（他的理论，可看他仁宗时《上皇帝书》）。所以当他执政的时候，便从事于整顿学校，增广太学校舍，设立三舍之法。初入学的为外舍生，渐次升入内舍和上舍。上舍生得免礼部试，特授以官。这便是渐次以学校代科举的办法（徽宗崇宁时，曾办到罢科举而令天下的州县都立学。县学生升入州学，州学生升入太学。但是徽宗的推行新法，都是有名无实的；此法又行之未久，无甚影响）。但是学问和功名，本是两事，既然以利禄诱人，来的人当然都是志在利禄的，哪里有真希望

“学以致用”的人，所以这种法子，行之到底没甚效果。

对于科举制度的改革，其要点是：（一）罢诸科而独存进士；（二）对于进士科，则废掉诗赋而改帖经墨义为大义。这便是明清时代科举制度的先河（参看近世卷第十四章第二节）。当时的进士科，共试四场：第一二场，试本经（各人所专治的经）和兼经大义，共十通。第三场试论一首，第四场试策三道。另立新科明法，试律令、刑统大义、断案，以待本应“诸科”试，不能改应新进士科的人（宋初的科举制度和唐朝大略相同，除进士之外，其余总称为“诸科”）。

大义是自己可以发抒心得的，就要明白道理的人才能做，自然比专责记忆的帖经墨义好些。策论虽则旧时的进士科亦有，然而并不注重。学习诗赋，是最需要下功夫的，穷老尽气于此，自然没有工夫再研究别的学问。现在把诗赋废掉，注重策论，自然也比旧时好些。这都是理论上当然的结论。然而理论总不能与事实相符。因为还有别种原因掺杂在里头，科举的特色，便是一以利禄诱人，二以言取人。为利禄所诱的人，当然只志在利禄；你又以“言”取他，他当然只要会“言”就够了。有学问才能的人，固然未必不会“言”；无学问才能的人，也未必就不会“言”。总而言之，要靠“言”以判定人的有才能学问没有，本是极难的事。况且利禄之途所在，自然有人专力去研究，到后来，这“应考试的言”，就离开才能学问，而独立成为另一件事了。研究这种“言”的人，当然不必再发达才能，研究学问。到这时候，而要靠着“言”以判定人的才能学问，就简直是不可能的事。

当王荆公时候，科举制度已经行了好几百年，这种趋势早就成功了。荆公虽能改变所试的东西，却不能禁止人家，不把这一种“言”，离开才能学问而独立研究。所以到后来，来应科举的人，仍旧都只会发“应科举的言”（王荆公是注重经义的，又颁了一部自己所著的《三经新义》，应科举的，就都只会说《三经新义》的话），荆公也叹息道：“本欲变学究为秀才，不料变秀才为学究。”（秀才是隋唐时最高的科目。应这一科的人，非极有学问不可。因为实际上无人能应，其科目遂成虚设。学究就是只会做帖经墨义的）——这是科举制度根本上的毛病。历代要想“改革科举制度，以求真人才”的人很多，所以终于失败，其原因都在于此。

既然以言取人，而这种“言”又是各个人都会发的，于是看卷子的人颇觉为难，就要找个易于去取的法子。于是有“诗赋声病易考，策论汗漫难知”的议论。而且科举里头，要试诗赋，而大家又独看重试诗赋这一科，原是社会上崇尚文学的风气使然。这种风气未变，始终还是要影响到制度上。所以法行未几，就仍有改试诗赋之论。然而押牢了天下的人，都作诗赋，也是难的（大概南人长于诗赋，北人则否）；而诸科又猝不易复，于是公元1089年（元祐四年），把进士分为“诗赋”和“经义”两科，南渡后也沿其制（公元1143年，即绍兴十三年，曾并作一科。但到公元1161年，仍分为两科）。两科既分之后，作诗赋的人多，专经的人少，这是“看重应诗赋科的进士”的风气还没有变的社会里，当然的结果。

还有一件事，在科举制度的变迁上也颇有关系，便是“殿试”。原来唐时的考试进士，本以考功员外郎主其事，后来因其望轻，被黜落的人，有哗闹的事，乃移于礼部。宋初还是如此。公元973年（开宝六年），知贡举李昉，被人攻击，宋太祖遂御殿重试。从此以后，礼部试之后，又有殿试，就成了常制。原来唐朝时候的科举，规则并不如后世之严。考官和士子，并不绝对禁止交通。固然有得以采取誉望的好处，然而私通关节也是不免的。用科举摧破贵族阶级的功用，还不能十分完成。到有了殿试，情形就又迥然不同。所以宋太祖对近臣说：“昔者科名多为势家所取，朕今临试，尽革其弊矣。”可见“科举制度的进化”，始终是往一条路上走的。

契丹的开科举，始于圣宗统和六年。其制度《辽史》不载，据《契丹国志》：则三年一开，有乡、府、省三试。圣宗时，分诗赋、法律两科。诗赋为正科，法律为杂科。后来改法律科为经义。《辽史·耶律蒲鲁传》：“重熙中，举进士第。主试者以国制无契丹试进士之条，闻于上。上以其父庶箴，擅令子就科目，鞭之二百。”则契丹之设科举，是专以待汉人的（《天祚纪》说耶律大石登天庆五年进士第，或者后来此制在实际上又成具文）。

女真却又不然。金世宗是很希望女真人保守质朴尚武的旧俗，而又很希望他的文化渐次进步的。太宗天会元年，就设词赋和经义两科，又有策试一科。海陵时，罢策试及经义，增设律科。世宗时，又恢复经义科，这都是所以待汉人的（又有经童科，年在十三以下，能背诵二大经三小经，又诵《论语》诸子及五千字以上者，为中选。凡应词赋、经义两科中式的，都谓之进士。应经童、律科中式的，则谓之举人。制举当章宗时也曾开过。所以合女真进士科算起来，金朝取士之科共有七种）。大定十一年，添设女真进士科。初但试策。二十八年，于经内增试论一道。世宗又特设女真国子学，这都是所以保存他本族的文化的（金朝的科举，也是三年一开。由乡至府，由府至省，由省至殿廷，凡四试。皆中选，则授以官。其廷试被黜的，亦赐之以第，谓之“恩例”。特命及第的，则谓之“特恩”）。

元朝对于学校，颇为注重。当世祖时，即于京师立国子学。蒙古人、色目人和汉人，各有定额。又特立蒙古国子学，以教随朝蒙汉百官和怯薛子弟。又立回回国子学。这是因为元起漠北，最初的文化，即系受之于回族，后来征服西域，和回族关系更深之故——这种“回回学”里面，一定包含着许多西洋文化。可惜当时养成的人才，除供朝廷之用外，在社会上，也不曾发生什么影响（在国子学中，蒙古、色目人和汉人，所享的权利是不平等的。蒙古人试法最宽，及格的授六品官。色目人试法稍密，及格的授七品官。汉人则考试全用科场之法，而不过授从七品官）。诸路各设教授一人，学正一人，学录一人。府及上中州，都设教授一人，下州设学正一人，县设教谕一人。从南宋以后，私人所设的书院颇为发达。元世祖至元二十八年，除诏诸路州县都立学外，又命儒先过化之地，名贤经行之所，与好事之家，出钱粟赡学者，并许立为书院（书院中掌教的，谓之山长）。诸路亦有蒙古字学，以教民间子弟。回回学之外，又有阴阳学和医学，各行省所在地都设一儒学提举司，以统诸路府州县的学校。江浙、湖广、江西三省，有蒙古提举学校官。河南、江浙、江西、湖广、陕西五省，又有官医提举司。总之，元朝对于学校是颇为注重的，其制度也颇为完备。这种制度，在元朝固然未必有多大的效果，然而实在开明清两代学校制度的先声（参看近世卷第十三章第二节）。

其科举之制，则始于仁宗延祐二年。分进士为左右榜：蒙古、色目人为右，汉人、南人为左。蒙古人由科目出身的，授从六品官。色目人和汉人，递降一级（至元元年罢科举。六年复之）。每试三场：第一场，蒙古、色目人，试经问五条；

汉人、南人，试明经、经疑二问，经义一道。第二场，蒙古、色目人试策一道，汉人、南人，古赋、诏、诰、章、表内科一道。第三场，蒙古、色目人无。汉人、南人，试策一道。蒙古、色目人，应汉人、南人科目中选的，注授各加一等（这是仁宗时的制度，顺帝废而再复，小有改变）。也有乡会试及御试。

元朝的用人，是极为驳杂的。不论哪一种人，只要有才具的就用。所以蒙古人和汉人、南人之外，色目人也蔚然成一阶级（当时回族人被用得最多。欧洲人被用的，当亦不少。马可·波罗等，不过是其中最著名的），颇有立贤无方之风。这是由于蒙古人所征服的地方大，所接触的民族多，所以能够如此，但是入仕之途太广了，于铨政上，却也颇有妨碍。所以《元史·选举志》，说它“仕进有多歧，铨衡无定制”“吏道杂而多端”“纵情破律，以公济私”“文繁吏敝”。大概当时最坏的，是所谓宿卫勋臣之家和任职于宣徽中政各院的人，出身太优。至于工匠和书吏，原未尝不可任用，然当时所以任用之者，恐也未必十分得当。又诸王公主的“投下”，只要得了主人的保任，也都可以入官，这就真是弊制了。总而言之，“仕进有多歧，铨衡无定制”十个字，是它根本上的毛病。有了这十个字，就无论怎样，选政也弄不好了。

第三节　兵制

宋朝的兵制，已略见本卷第四章第二节。宋朝的兵，共分四种，便是：（一）禁兵，（二）厢兵，（三）乡兵，（四）蕃兵。

乡兵、蕃兵，不是到处都有的。厢兵亦“罕教阅，给役而已”。所以可称为兵的，只有禁兵。但是禁兵到后来，“数日增而其不可一战也亦愈甚”，其弊已如前述。王安石起，欲以民兵代募兵。其初既厉行裁兵，后来募兵缺额，就收其费，以供民军教阅之用，所以民兵盛而募兵衰（保甲法行于熙宁三年，其后命诸保丁习武，而上番于巡检兵。六年，行之于永兴、秦凤、河北、陕西、河东五路。元丰二年，立府界集教法，先教保长以武艺，再教他去转教保丁，谓之团教法。行之于河北、河东、陕西三路。以民兵代募兵，是件极重大的事情。熙宁元丰所行，原不敢说它用多大的效果。但是据章惇说：当时赏赐，都取封桩或禁军缺额的钱，不曾费部一文。阅艺分为八等，劝奖极优。所以仕宦有力之家，子弟欣然趋赴。引对的时候，所骑的都是良马，而且鞍鞯华楚。马上的事艺，往往胜于诸军。章惇的话，容或有偏袒于一方面之处。然而当时的教阅民兵，不曾多费掉钱，而且不是毫无效果，却是可以断言的）。元祐复古，又把民兵教阅和保甲废掉，于是民兵亦衰。当熙宁置将的时候，禁军之数，共有五十九万（《文献通考》卷一百五十四引《建炎以来朝野杂记》）。元丰以后，固然递有减省。蔡京秉政，又利用诸军缺额，封桩其饷，以充上供。童贯带兵，打了败仗，都讳不肯言，只说是军士逃窜。于是并仅存的将兵而亦寥寥无几了。所以金兵一入，简直丝毫不能抵御。

宋朝的兵制，也是取中央集权制度的。当时可称为兵的，只有禁军；而全国的禁军，又都隶属于殿前都指挥司，和侍卫亲军马步军都指挥司，谓之三衙，所以事权能够统一。南渡以后，立御前五军的名目：以杨沂中所带的为中军，张俊所带为前军，韩世忠所带为后军，岳飞所带为左军，刘光世所带为右军。刘光世的兵叛降齐后，以四川吴玠的兵升补。当时除杨沂中的兵，常居中宿卫。四川因路途太远，本不想中央集权外，韩、岳、张的兵，号为三宣抚司者，最为统一之梗。三人兵柄既解，才改其名为某州驻扎御前诸军。凡御前军，都是直隶朝廷的，不归三司节制。于是在事实上，御前军又变成前此的禁军，禁军又变成前此的厢军了。韩、岳、张、吴四人的兵，也谓之四大屯兵，其数共三十万。南渡以后的财政，颇为所困。

契丹的兵，共有六种，便是：（一）御帐亲军。太祖征伐四方时，皇后述律氏居守。选四方的精锐，置属珊军二十万。太宗又置皮室军三十万（以后每帝皆有宫卫，所以御帐亲军无须增置）。（二）宫卫军。见第一节。（三）大首领部族军。亲王大臣的私甲。（四）部族军。（五）五京乡丁。（六）属国军。

乡丁是辽国的耕稼之民，战斗时不靠他作主力。属国是不直接属辽治理的；有事时虽可遣使征兵，而助兵多少，各从其便，也不能靠他做正式的军队。然则辽国正式的军队，就只有部族军（御帐亲军和宫卫军，是属于君主的。大首领部族军，是属于亲王大臣的。其所属不同，而其实际则和普通的部族军无异）。所以《辽史》说：“各安旧风，狃习劳事……家给人足，戎备整完。卒之虎视四方，强朝弱附……部族实为之爪牙云。”

女真初起时，部落极为寡弱。其时诸部之民，壮者皆兵。部长谓之孛堇。有警，则下令于本部及诸部的孛堇征兵。诸部的孛堇，当战时，兵少的称为谋克，兵多的称为猛安（猛安、谋克的兵，初无定数。太祖二年，始定以三百人为一谋克，十谋克为一猛安）。金初兵数甚少，太祖起兵后，诸部来归的，皆授以猛安或谋克，即辽汉之民亦然。其意盖欲多得他部族的人，以为助力。此为金兵制的一变。熙宗以后，罢汉人和渤海人承袭猛安和谋克，专以兵柄归其本族。此为金兵制的又一变。

移剌窝斡叛后，把契丹的猛安和谋克废掉，将其人分属于女真的猛安和谋克。海陵迁都，把许多猛安、谋克，都迁徙到中都和山东河间。这一班人，就不能勤事生产，而从前尚武的风气，又日益消亡。已见第二章第四节。宣宗南迁以后，尽把这一班人驱之渡河，括了河南的民田，给他们耕种。而且把他们的家属，都安放在京城里。几年之后，到底养不活他们，只得又放他们出去，以致军心愈乱，士气更为颓丧。而他们得到田的，也都不能种，白白地荒废了民业。金朝兵力的强，也见第二章第四节。但是南迁之后，不过几十年，就大变了面目。贞祐三年，刘炳上疏说："往岁屡战屡衄，率皆自败。承平日久，人不知兵。将帅非才，既无靖难之谋，又无效死之节。外托持重之名，内为自安之计。择骁果以自卫，委疲懦以临阵。阵势稍动，望尘先奔，士卒从而大溃。"这种情形，竟和宋朝南渡时候无异。又《侯挚传》，上章言九事，说："从来掌兵者，多用世袭之官。此属自幼骄惰，不任劳苦，且心胆懦怯。"则这种腐败情形，竟就是当初极精强的猛安和谋克。至于签汉人为兵，则刘祁说：金之兵制，最坏的就在乎此。他说："每有征伐及边衅，辄下令签军，使远近骚动。民家丁男，若皆强壮，或尽取无遗。号泣动乎邻里，嗟怨盈于道路。驱此使战，欲其胜敌，难矣。"女真兵既不可用，要借助于汉人，又是如此。金朝的天下，就终不能维持了。

元朝的兵制，最初只有蒙古军和探马赤军。蒙古军是本部族人，探马赤军则诸部族人。入中原以后，发民为兵，是为汉军。平宋之后，所得的兵，谓之新附军。其辽东的纠军、契丹军、女真军、高丽军、云南的寸白军、福建的畲军，则都只守卫本地，不调至他方（《元史》说：“盖乡兵也。”）。其成兵之法：蒙古军和探马赤军，“家有男子，十五以上，七十以下，无众寡，尽签为兵。十人为一牌，设牌头。上马则备战斗，下马则屯聚牧养。孩幼稍长，又籍之，曰渐丁军。”（这是行举国皆兵之制，人民服兵役的年限极长。）其平中原后的用汉军，则或以贫富为甲乙（户出一人的为“独军户”。合二三户而出一人，则以一户为“正军户”，余为“贴军户”），或以男丁论（常以二十丁出一卒。至元七年，十丁出一卒），或以户论（二十户出一卒。其富商大贾，则又取一人，谓之“余丁军”），都是一时之制（当时又取匠为兵，曰“匠军”。取诸侯将校的子弟充军，谓之“质子军”——蒙语曰“秃鲁华军”）。天下既定，就把曾经当过兵的人，另定兵籍。凡在籍的人，服兵役的义务，都有一定的规定（贫不能服兵役的，把几户并作一户，谓之“合并”。极穷的，老而无子的，除其籍。“绝户”另用百姓补足）。其募兵，则谓之答剌罕军。又有以技名的，则为炮军、弩军、水手军。元朝的兵籍是不许汉人看的。就枢密院中，也只有一两个长官晓得实数。所以元朝的兵数，无人晓得。

其带兵的官，初时是“视兵数多寡，为爵秩崇卑”。长万夫的为万户，千夫的为千户，百夫的为百户。宿卫之士曰“怯薛歹”，以四怯薛领之（都是功臣的子孙，世袭）。世祖定官制，于中央设前后左右中五卫，各置亲军都指挥使，以总宿卫（但累朝仍各有怯薛。以致到后来，怯薛之数滋多，赏赐钞币，动以亿万计，颇为财政之累。五卫是仿汉制，设之以备官。四怯薛则系蒙古旧制）。外则万户之下置总管，千户之下置总把，百户之下置弹压，皆总之于枢密院，有征伐则设行枢密院。事已则废。

元朝镇戍之制，与当时的政治颇有关系。《元史》说：

世祖混一海宇，始命宗王将兵，镇边徼襟喉之地。而河洛、山东，据天下腹心，则以蒙古探马赤军，列大府以屯之。淮江以南，地尽南海，则名藩列郡，又各以汉军及新附等军戍焉。皆世祖与二三大臣所谋也。李毡叛，分军民为二而异其属。后平江南，军官始兼民职。凡以千户守一郡，则率其麾下从；三百户亦然。至元十五年，十一月，令军民各异所属如初。

国制，镇戍士卒，皆更相易置。既平江南，以兵戍列城，其长军之官，皆世守不易。故多与富民树党，因夺民田宅居室，蠹有司政事。

据此看来，可见得元朝治下的中国，全是一种用兵力高压的政策。然而这种政策，总是不能持久的。所以《元史》说："承平既久，将骄卒惰，军政不修。而天下之势，遂至于不可为。"

第四节　刑制

宋朝的制度，是一切因唐之旧，至于事实不适，则随时改变；但是新的虽然添出来，旧的在名义上仍没有废掉。始终没统观全局，定出一种条理系统的法子来。官制是如此，法律也是如此。

唐朝的法律，分为"律""令""格""式"四种。宋朝也一切沿用。其有不合的，则随时加以"损益"。但是总有新发生的事情，非损益旧律所能有济的。则又别承认一种"敕"，和"所沿用的唐朝的律令格式"有同一的效力——"敕"和"律令格式"冲突的地方，自然要舍"律令格式"而从"敕"。其实就是以"命令"或"单行法"，"补充"或者"更改"旧时的法律。而所谓"敕"者，亦时时加以编纂，谓之"编敕"。又有一司的敕，一路的敕，一州一县的敕，则是但行于一地方的。到神宗时就径“改其目”曰敕令格式。当时神宗所下的界说是：

禁于未然之谓敕。禁于已然之谓令。设于此以待彼之谓格。使彼效之之谓式。

自此以后，迄于南宋，都遵行这一种制度（南宋以后的敕令格式，绍兴、乾道、淳熙、庆元、淳祐，共改定过五次。其余一司、一路、一州、一县的敕，时有损益，不可胜记。宋朝的法律，似乎太偏于软性些）。

契丹的法律，是定于兴宗时候的，谓之《新定条制》。《辽史》说：系“纂录太祖以来法令，参以古制”而成。刑有杖、徒、流、死四种。按《辽史》：“太祖神册六年，诏大臣定治契丹及诸夷之法，汉人则治以律令。”“太宗时，治渤海人一依汉法。余无改焉。”“圣宗统和十二年，诏契丹人犯十恶，亦断以律。”则兴宗的《新定条制》，仍是汉人和契丹诸夷异治的（《辽史》又说：圣宗时，“先是契丹及汉人相殴致死，其法轻重不均，至是等科之”。则其中又有不平等的地方）。到道宗清宁六年，才以“契丹汉人，风俗不同，国法不可异施。命更定条制，凡合于律令者具载之，其不合者别存之”，渐有向于平等的趋势。契丹的用法，本来是失之于严的。到圣宗时，才渐趋于宽平。但是到天祚时，仍有“投崖”“炮掷”“钉割”“脔杀”“分尸五京”“取心以献”等种种非刑。这是由于契丹文化太浅之故。所以《辽史》说：“虽由天祚救患无策，流为残忍。亦由祖宗有以启之也。”

女真的旧俗，是“刑赎并行”（《金史》说：“轻罪笞以柳蔑，杀人及盗劫者，击其脑杀之；没其家赀，以十之四入官，其六赏主；并以家人为奴婢，其亲欲以马牛杂物赎者从之。或重罪，亦听自赎，然恐无辨于齐民，则劓、刵以为别。其狱，则掘地深广数丈为之。”）。太宗时，才“稍用辽宋法”。熙宗天眷三年，复取河南地，乃诏其民。“所用刑法，皆从律文。”皇统间，“诏诸臣以本朝旧制，兼采隋唐之制，参以辽宋之法，类以成书，名曰《皇统制》。颁行中外”。海陵时，屡次续降制书，与《皇统制》并行。世宗时，诏重定之，名《大定重修制条》。章宗时，又照唐律的样子，重修律令格式，并于律后“附注以明其事，疏义以释其疑”，名曰《泰和律义》。金朝的法律，似乎比辽朝进步些。但是它的用刑，也是伤于严酷的。而动以鞭挞施之于士大夫，尤其是一个缺点。《金史》说：“金法以杖折徒，累及二百。州县立威，甚者置刃于杖，虐于肉刑。季年君臣好用筐箧故习，由是以深文傅致为能吏，以惨酷办事为长才。有司奸赃真犯，此可决也，而微过亦然。风纪之臣，失纠皆决；考满校其受决多寡，以为殿最……待宗室少恩，待士大夫少礼。终金之代，忍耻以就功名，虽一时名士，有所不免；至于避辱远引，罕闻其人。”可见用刑宽平和养人廉耻的观念，不是浅见的民族所能有的。

元朝的情形则又是一种，它的用刑是颇伤于宽纵的。而其所以伤于宽纵，则大抵因政治废弛之故。按《元史》说：“元兴，其初未有法守，百司断理狱讼，循用金律，颇伤严刻。”这所谓严刻，也不尽是金律害它的。只要看乃蛮皇后的旨意，奥鲁剌合蛮所出的主意，令史不肯宣传的断其舌，不肯书写的断其手，就可知道蒙古人的用刑是怎样的了。“世祖时始定新律……号曰《至元新律》，仁宗时，又以格例条划，有关于风纪者，类集成书，号曰《风宪宏纲》。至英宗时，复……取前书而加损益焉……号曰《大元通制》。其书之大纲有三：一曰诏制，二曰条格，三曰断例。”亦用笞、杖、徒、流、死五刑，而笞、杖皆减十为七。《元史》说：“……其君臣之间，惟知轻典之是尚……然其弊也：南北异制，事类烦琐。挟情之吏，舞弄文法，出入比例，用谲行私；而凶顽不法之徒，又数以赦宥获免。至于西僧岁作佛事，或恣意纵囚，以售其奸宄……识者病之。”可见得元朝用刑的宽纵，全是政治废弛的结果。至于“其君臣之间，惟知轻典之是尚”，则大约是受喇嘛教的感化，和纵囚祈福同一心理。这种煦煦为仁的好处，实在敌不过“令西僧恣意纵囚，以售其奸宄”的坏处。要知刑罚是贵于

"平"，固不应当"严酷"，亦不当一味"宽纵"的。又元朝因笃信宗教之故，当时的宗教徒在法律上也颇享些特权。看《元史·刑法志》所载下列两条可知。

诸僧、道、儒人有争，有司勿问，止令三家所掌合问。

诸僧人但犯奸盗诈伪至伤人命及诸重罪，有司归问。其自相争告，从各寺院住持头目归问。若僧俗相争，田土与有司约会。约会不至，有司就便归问。

又

诸蒙古人因争及醉，殴死汉人者，断罚出征，并全征烧埋银。

这种不平等，则异族入据中国时代怕都有之，不但是元朝了。

第五节　租税制度（上）

唐中叶以后的税法，和唐中叶以前，也起了一个大变迁。便是：唐中叶以前的税法，都是以丁税和田税为正宗；虽或注重杂税，不过是暂时之事（如汉武帝时代是）。平时国家固然也有杂税的收入，不过看作财源上的补助，国家正当的经费并不靠此（汉人说县官只当衣食租税，便是这种思想的代表）。所以隋文帝能把一切杂税，全部免除，参看中古卷第十三章第一节。到唐中叶以后，其趋势却大异乎是，至北宋而新形势遂成。

这是由于：

一、唐中叶以后，赋役之法大坏（参看中古卷第十五章第五节）；又藩镇擅土，国家收入不足，不得不新辟租税之途。

二、因藩镇擅土，竞事搜括，其结果就添出许多新税来。

税目太简单，本是不合理的；专注意于贫富同样负担的丁税，和偏重农人的田税，更为不合理。能注重于此外的税目，诚然是进步的事。所可惜的，是当时所取的税目，未必尽良；征收的方法，又不甚完善罢了。现在且仍从田税、丁税说起。

宋朝的田税和丁税，还是用唐朝两税之法。其名目有五，便是：（一）公田之赋（也唤作税），（二）私田之赋（对于租而谓之税），（三）城郭之赋（宅税、地税之类），（四）丁口之赋，（五）杂变之赋（杂变之赋，是唐以来于田赋外增取他物，后来又把它折作赋税，所以又谓之“沿纳”）。所赋之物，分为谷（以石为单位）、帛（以匹为单位。丝线和棉，都以两为单位）、金铁（金银以两为单位，钱以缗为单位）、物产（藁秸、薪蒸，以围为单位。其他各物，各用它向来沿用的单位）四类。征收之期，则“夏税”从五月起，到七月或八月止。“秋税”从九月或十月起，到十二月或正月止。

这当中所当注意的，便是唐朝的所谓两税已经把“租庸调三者所取之额”包括在里头了。却是从唐中叶以后到宋，都另有所谓“力役”，这便是于“庸”之外再取“庸”。而又有所谓“杂变之赋”，则又是出于“包括租庸调三者之额的两税”之外的。所以这时候的税，实在远较唐初为重。

然而苦累百姓的，倒还不在税额的重轻上，而在其征收的方法上。征收的方法，第一足以累民的，便是“支移”和“折变”。“支移”是“百姓的输纳租税，本来有一定的地方的，却因他输纳的地方，官家未必要这样东西用；所不输纳的地方，却要用这样东西，于是叫百姓移此输彼”。“折变”是“百姓的纳税，应当纳什么物品，也有一定的。却是所输纳的物品，官家未必需用；所不输纳的，却反要用，于是临时改变他所输纳的东西”。“支移”看“户等”的高下，以定道里之远近。不愿支移的，便要另缴“道里脚价钱”。这简直是于纳税之外，又另课之以“运送的义务”。“折变”却说所取的物品虽然改变，其“价格”要和原取之物相当的。其算法，是用征收的一个月中的“中价”计算。然而“支移”往往不能按“户等”的高下，叫富的人输送到远处，穷的人输送在近处；

而且“脚钱”（就是道里脚价钱）本是所以代支移的，到后来往往支移之外，还要出脚钱。“折变”则计算价格未必能公平，又往往只顾公家；缺乏了什么东西，便叫百姓改输，却不管百姓有这东西没有。又往往折了又折，几个转身以后，价格便大相悬殊。譬如西川起初，绢一匹=钱三百，草一围=钱二，于是输绢一匹的，叫他折输草一百五十围。到后来，却把草一围，估作钱一百五十文，再叫他改输钱。于是三百文的税，倒纳到二万二千五百文了。

其害人最甚的，尤莫如南宋的公田。原来宋朝从南渡之后，权要之家，占田甚多。其有籍没的，都募民耕种，即以“私租”之额为“官税”之额。然而私租之额，还有时而可以少纳，官税则不能了；而且还不免有额外的侵渔。韩侂胄死后，籍没他的田，合着其余籍没的田，置了一个“安边所”，收田租以供给外交上的费用（开衅以后，就用它去补助军费）。末年钞价大跌，又有人替贾似道划策，说莫如多买公田；公田所收的租很多，得了这一大宗入款，就可拿来维持钞价了。贾似道听了他的话，就去用贱价勒买。有价值千缗，而只给四十缗的。又要搭发“度牒”“告身”。官吏争以多买为功，买来的不都是腴田，却硬押承种的人，也要出腴田的租额，浙西六郡的人，因此破产的不少。

辽朝的制度，因史文简略，无从详知。但知其田有“沿边屯田”“在官闲田”和“私田”的区别。种屯田的，“力耕公田，不输赋税”（颇近乎古代的井田制度）。治在官闲田和种私田的，则都要“计亩出粟”。头下军州：唯酒税赴上京缴纳；市井之赋，均归头下。

金则官地输“租”，私田输“税”。租之制不传，但知其大率分田为九等。税则“夏税”亩取三合，“秋税”五升。又纳“秸一束”，计重十五斤。夏税从六月起，到八月止。秋税从十月起，到十二月止。也是用唐朝两税的法子。其猛安、谋克户所输，谓之“牛具税”，亦名“牛头税”。“以每耒牛三头为一具。限民口二十五，受田四顷四亩有奇。岁输粟大约不过一石。”

户	丁税		地税
	丁	驱丁	
全科户	粟三石	粟一石	每亩粟三升
减半科户	一石		
协济户	一石		每亩粟三升

元朝则取于内地的，分丁税和地税，系仿唐朝的租庸调法（但两者不并纳。地税少而丁税多的，就纳丁税。丁税少而地税多的，就纳地税）。而其取之，又有全科户、减半科户、协济户等的区别（又有一种新收交参户，则第一年至第五年减收其数，第六年才入丁税）。取于江南的，分夏税和秋税，仿唐

朝的两税法（官田不纳夏税）。

役法的源起和其扰民，已见本卷第四章第二节。司马光复差役之后，就旧党亦不以为然。于是诸役中的衙前，仍用坊场河渡钱招募，要不够才许签差。寻又变为招募。绍兴以后，讲究“推割”“推排”之法。推割者，田产倘有典卖，税赋和物力一并“推割”。“推排”则三岁一行，查考各户的资产有无变更。这种办法，原想查明各户资产的多少，以定其户等的高下；按着户等的高下，以定其应役的重轻，是求公平的意思。但是这种办法，手续是很烦难的。而经手的吏，又要视贿赂的多寡以为物力的低昂（纳赂多的，就说他资产少），所以仍没有良好的结果。公元1169年（孝宗乾道五年），处州松阳县倡行义役。其法：由公众共出钱谷，以助输充的役户。此后各处仿行。凡行义役的地方，役法就没有什么扰害，这是因：（一）役户既无破产之苦。（二）官吏又不能借升降物力，以肆扰害。（三）把一处地方应役的费，均摊在众人头上，既由人民自办，自然易得公平之故。可见人民自治的力量强，什么恶政治都可以设法防止的。

辽朝的役法无可考。《马人望传》说：当时人所最苦的，是驿递、马牛、旗鼓、乡正、厅隶、仓司等役，至于破产不能给。人望“使民出钱，官自募役，时以为便”，则亦是行差役法的。金朝则分有物力的为“课役户”，无物力的为“不课役户”。京府州县郭下，都置“坊正”。村社则随户口多少为“乡”。置“里正”，以按比户口，催督赋役，劝课农桑。又置“主首”，以佐里正督察非违。置“壮丁”，以佐里正巡警盗贼（猛安、谋克户，五十家以上，置“寨使”一人，掌同里正）。坊正、里正，都出钱雇募。其钱数，则以该地课役户所出物力钱总额十分之三为准。此外如要签差，则先及富人。富力相等，则先及丁多之家。其役非一家之力所能任，而事之性质又不可分的，则取以次的户协助他。

物力钱，也是计算人民的“田园”“邸舍”“车乘”“牧畜”“种植”“藏镪”等，以定其数的。金朝的征收物力钱，很为严酷。上自公卿，下至庶民，无一得免。甚至出使外国回来，说他受了“馈遗”，就要多征他的物力钱。其查察物力的法子，最初系“三年一籍”，后来变作“通检”，最后又变作“推排”。通检推排，也是很骚扰的。

元朝科差的名目有两种：一种唤作“丝料”，一种唤作“包银”。丝料之法：每二户出丝一斤，输于官，谓之“二户丝”。每五户出丝一斤，输于“本位”，谓之“五户丝”（这是诸王、后妃、公主、功臣收的，但不得私征，仍由地方有司代行征收给予）。包银之法：汉人每户出银四两。二两输银，二两折收丝绢等物。但其取之，亦因户而不同。此外又有“俸钞”。“全科户”输一两，“减半科户”输五钱。于是以合科之数，作“大门摊”。分为三限输纳（初限八月，中限十月，末限十二月）。

		元管户	交参户	漏籍户	协济户
丝银全科户	甲	系官丝一斤六两四钱 包银四两	系官丝一斤六两四钱 包银四两		系官丝十两二钱 包银四两
	乙	系官丝一斤 五户丝六两四钱 包银四两			
减半科户		系官丝八两 五户丝三两二钱 包银二两			
只纳丝户	甲	上都隆兴等路系官丝十户十斤，每户一斤，大都以南等路十户十四斤，每户一斤六两四钱		系官丝一斤六两四钱	
	乙	系官丝一斤 五户丝六两四钱			
只纳钞户				初年一两五钱，以后每年增五钱，增至四两为止	

此外“摊丝户”，每户科摊丝四斤。“储也速解儿所管纳丝户”，每户科细丝四斤。“复业户”“渐成丁户”，第一年免科，第二年减半，第三年与旧户同。

总而言之，从租庸调变作两税之后，又于其外另取庸调一类的税，实在是叠床架屋的事。

第六节　租税制度（下）

田税而外，其余的租税，共有两种：一是官卖的东西，二是各种杂税。

官卖的东西，宋朝共有五种，便是盐、茶、酒、香、矾。

盐被认为一种税源，由来最早。《管子》上，理论已经很完备了（《海王篇》）。汉武帝曾行专卖之法，已见中古卷。从三国到南北朝，盐也大都有税。然而这时候，在财政上还不占重要的位置。隋文帝既定天下，把盐税全行豁除。唐初还是如此。高宗时，才听右拾遗刘彤的话，重行“禁榷”。但是这时候的办法，又和前此不同。前此的官卖，是直接卖给吃盐的人。这时候，却专卖给大商人，听他去零卖。这便是所谓“通商法”。然而这时候，盐税还是粗略的。到肃宗时候，第五琦做了盐铁使，才大变盐法。其法：于产盐之地，设立“盐院”。籍民煮盐，谓之“亭户”。煮就之后，堆积在盐院里，卖与商人。后世的盐法，大都以此为本（盐价本十钱一斗，第五琦骤加了一百文。德宗时，陈少游为盐铁使，又加了二百文。共卖三百十文一斗。第五琦去后，刘晏代之。初年盐税的收入四十万缗，末年加到六百余万。天下之赋，盐利居半。顺宗时，李巽做盐铁使，初年也收六百余万，末年又加到三倍）。宋朝的盐，依出产的区域，分为“海盐”、“解盐”（解州、安邑两盐池）、“井盐”（四川）三种［海盐、解盐，都由官卖（制海盐之民曰“亭户”，亦称“灶户”。制解盐之民曰“畦夫”）。四川井盐：大者曰“盐”，小者曰“井”。盐由官掌。井则听凭人民制造贩卖，只要纳税而已］。亦行禁榷之法，又和“入中”“刍粟”有关。

茶税，也是起于唐德宗时候的。当时不过就栽制的人课之以税。文宗时，宰相王涯改变茶法，才禁民栽制；把所有茶树，通统移植“官场”。官自焙制，卖与商人，就和第五琦的盐法一样。宋时，植茶之处，谓之“山场”。采茶之民，谓之“园户”。园户除岁纳若干的茶作为租税外，其余的茶一概由官收买（买茶的钱是预给的，谓之“本钱”。但是往往不能依时发给）。在江陵（如今湖北的江陵县——编者注：今为荆州市）、真州（如今江苏的仪征县——编者注：今为仪征市）、海州（如今江苏的东海县）、汉阳军（如今湖北的汉阳县——编者注：今为武汉市蔡甸区）、无为军（如今安徽的无为县）、蕲州的蕲口（如今湖北的蕲春县）设立榷货务六处，官收下来的茶，或送到榷货务，或就本场发卖。

“酒税”也起于唐德宗时候。五代时，相沿未废。宋时，州城内皆官置“务”自酿，其县镇乡闾，则或许民酿，而定其“岁课”。其法：愿酿酒的人，官须查察其资产，长吏和大姓共同作保。岁课不及额，保人须负赔偿的责任。当招商承办的时候，倘有两人以上同时愿办，自然先尽认课多的。因而每当承办的人换易的时候，可以招徕商人，令其出价竞争，这个谓之“扑买”。其初承酿的，都是有资产的人。国家看了这一笔收入，也不甚认真，不过拿来补助补助地方上的经费。南宋以后，财政竭蹶了，酒税的进款，各路也就看作认真的收入。州县不得不解上去。而这时候，承办的人又往往纳不及额，就有酒已不酿，而向来所收的岁课，仍责州县收解之例。其结果就置摊在众人头上去，变作一种赋税（参看《文献通考》卷十七水心叶氏《平阳县代纳坊场钱记》）。“曲”亦归官专卖。其初唯三京有之。天圣以后，北京亦然。官卖曲亦有一定的界限，不得阑出界外。南渡以后，赵开又立一种“隔槽”之法，官设了场，并预备了酿酒的器具。人民要酿酒的，都叫他自备了米，到官场上来酿；而官收其税（每米一斛，收钱三千），当时收数大增。但是到后来，就有酿不足额，而强迫酿酒之家，叫他缴“一定的额的钱”的弊病（譬如向来酿米一斛的，现在就只酿半斛，也要缴足三千钱的税）。

矾的官卖，也是起于五代时候，而宋朝因之。管理鬻矾的机关，亦谓之务。有“镬户”，制造入官（亦有时“募民粥”，又有时候用作入中的预备）。“香”则南渡后才官卖。其制，《宋史》不详。又由市舶运来的东西，属于“香药”“宝货”两种的，必须要卖给官，由官再出卖。天圣以后，常用它偿给入边刍粟的人。南渡以后，又时时用它称提钞价。

“入中”是商人输钱于京师榷货务，官给以券到一定的地方，去取一定的官卖品。“入刍粟”，则商人纳刍粟于边郡，边郡给之以券，或到京师和其他积钱的地方去取钱，或偿之以官卖品。宋初，大抵以解盐为陕西之备，东北的海盐为河东之备，东南的海盐为河北之备。雍熙（太宗年号，984年至987年）以后，茶亦为边籴所资。真宗时，又益之以香药犀齿。这种办法，是为收财利于中央及减免运输的烦劳起见。原不失为一种巧妙的政策。然而官吏和商人往往表里为奸，就生出许多弊病来。

真宗末年，以缗钱和茶和香药犀齿，偿给入刍粟于西北边的人，谓之“三说”。于是西北边郡专想招徕刍粟（这句话还是假的，其中一定还有别种弊病），不惜将刍粟的价格抬高（谓之“虚估”），国家偿给入刍粟的人的东西，就都变成贱卖了（据后来所计算，西北边得了价值五十万缗的刍粟，国家却费掉价值三百六十余万缗的茶）。又边郡收了刍粟，只顾发券，并不管国家现存的货物共有若干。以致持了券，兑不到物品，券价大跌。入刍粟的，本是沿边的土人，得了券，并不自己去取物，都是卖给商人和京师的“交引铺”的。商人和交引铺，都要抑勒他的价钱，本得不到多少好处；券价一跌，更其反要折本，自然无人来入刍粟。于是国家虚费了许多官卖品，而边郡的刍粟仍不充实。仁宗时，李谘乃议改茶法，行“贴射法”。宋初官卖的茶，本是除掉“本钱”，再加上利息，卖给商人的（譬如罗源县的茶，每斤官给园户本钱二十五文，卖给商人的价，是五十六文，则三十一文就是息）。这时候，就不给本钱，令商人和园户直接买卖（但园户仍须把茶运到官场，商人就官场买之）。国家但收向来所取的“息”（譬如商人到罗源去买茶一斤，就得输息钱三十一文给国家），至于入刍粟于边郡的人，给券到京，一切都偿以现钱，谓之“现钱法”。这种办法的主意，在于国家“卖茶”和“买刍粟”，都以钱为价格的标准，不以茶与刍粟做那“物物交易”的买卖。到后来，法又不行了。而且加之以盐，谓之“四说”。于是薛向出来，把入边刍粟废掉。边郡所需的刍粟，一概从京师运钱去和籴。这么一来，茶就和边备无关，而通商之议起。公元1059年（仁宗嘉祐四年），把向来息钱的半额，均摊在茶户身上，谓之“租钱”。茶户输租之后，听其自由买卖（唯建州腊茶，仍行禁榷），此为“嘉祐通商法”。历神宗、哲宗两朝，无甚改革。徽宗时，蔡京才重行禁榷。其法：产茶州军的人民，许其赴场输息，给予“短引”，在旁近州郡卖茶。其余的，悉令商人到榷货务纳金、银、缗钱，或沿边州军入刍粟。榷货务给之以“钞”。商人持着这“钞”，到茶场上去取茶。茶场发茶的时候，另给一张“长引”。长引上载明商人“所指的州军”（就是商人所要到的州军），商人拿着这张“长引”，就可以一直到“所要去的州军”去。既到之后，再完纳一次商税。这是公元1102年（崇宁元年）的办法。公元1105年，又罢各茶场。令商人就京师或所在州县请给“长引”或“短引”，拿着“引”，自己向园户去买茶。南渡后，赵开总领蜀中财赋，所行的也是这种法子。不过特立“合同场”，以稽查商人和园户的买卖罢了（这种法子，平心而论，自尚可行，不过蔡京的意思，在于聚敛，务以多收为功。茶税既重，而又废掉茶场，无以稽查商人和园户的买卖，私茶自然蜂起。却又峻刑法以治之，所以害人）。

解池的“盐钞法”，亦为蔡京所变乱。先是“盐钞法”之行：积盐于解池，积钱于京师榷货务，积钞于陕西沿边州郡。入边刍粟的，得了券，或到京师取钱，或到解池取盐。当时愿得解盐的甚多。蔡京要行聚敛之策，就把解池盐钞，改在京师发卖。却又才发钞，就换钞；既换钞，又立个名目，叫人贴输钱；一共要出三次钱，才拿得到盐。有出了一次两次，以后出不起的，就把他所输的钱全行干没。数十万金的券，顷刻都成废纸。做这买卖的人，有“朝为豪商，夕同流丐”，赴水投缳而死的。这简直是抢劫了。南渡以后，赵开所行的盐法是和他所行的茶法一样的，而稽查得更为严密。

又有所谓“和籴”及“和买”：“和籴”是（一）什么地方丰收了，便派人去增价籴谷；（二）或者什么地方要米谷，而转运为难，便派人去设法收买（这种办法，其初大概是注重于边郡的，到后来才推广到内地）。“和买”则所买的是布帛。亦有预先给钱，随后输帛的，则谓之“预买”（“和籴”也有预给钱的，便是陕西所谓“青苗钱”。但是天圣以后，罢不复给）。这本是同百姓做买卖的事，并不是收税。然而到后来，便有（一）强买，（二）抑价，（三）不即给价，（四）给价不足，（五）但给“官告”“度牒”等不值钱、不能流通之物，（六）和籴则每石取“耗”，（七）预买则按户硬配，（八）或外加名目收钱，（九）或预买的帛，令折输钱，（十）或预付的钱，重取其息等弊病，已不啻加重人民的负担。到南渡以后，就一概变为“折帛钱”，变成一种赋税了。

商税起于唐朝的藩镇。五代时，更为烦琐。宋朝虽尽力蠲除，毕竟不能废掉。其法：凡州县皆置“务”，关镇亦或有之。大的专官措置，小的就委“令”“佐”兼理。税额分为“住税”“过税”两种：住税取千分之三十，过税取千分之二十。所税的东西，随地不一。见于《宋史》的：有“耕牛”“鱼鸡”“果蔬”“竹木”“柴炭”“力胜钱（载米商船所出）”“典卖牛畜舟车”“衣屦”“布絮”“谷粟”“油面”等。这种税，一望而知其为苛税。南渡以后，更其苛细。

而且有时候，竟是讹诈的行为［譬如（一）琐细的贸易，亦指为漏税。（二）空舟则说它是载货的舟。（三）食米指为酒米，衣服指为布帛等。甚至行李亦指为货物，再甚就空身也要勒索，绕路避他，就更要拦截讹诈］。

对外贸易，则北宋时的对辽、夏，南宋时的对金，都有互市。官设榷场而征其税。有时官亦“辇物与易”。王韶经略熙河时所设的市易司，则由官给本钱，纯粹为一种官营的业务。

而其和国用关系较大的，倒还要推海路的贸易。太祖开宝四年，于广州置市舶司。后来又于杭州、明州置司。元祐时，又置于泉州和密州的板桥。其法：海船载货来的，先十税其一。而香药和宝货两种货物，则必须卖给官，由官再发卖。其出海的商人，则雍熙中曾诏诣两浙市舶司，请给官券，违者没入其宝货。

此外又有合了许多零碎的收入，以成一笔进款的，便是经总制钱、月桩钱、板账钱等。“经制钱”起于徽宗宣和末，陈遘经制七路财赋，收“印契”“鬻糟”之类的钱，一共七种，以成功一种税入，因称为经制钱。“总制钱”则高宗在扬州时，四方贡赋不入，乃收两浙、江东西、荆、湖南北、福建、两广八路的税（如增加酒价和卖糟的钱，典卖田宅的税和牙税等），领以宪臣，收以通判。因绍兴五年，命参政孟庾提领措置，以总制司为名，就称这一笔钱为总制钱。“月桩钱”则绍兴二年，韩世忠驻扎建康。宰相吕颐浩、朱胜非，令江东漕臣每月桩发大军钱十万缗，而漕臣再摊派之于州县。所取的，也大概是这种不正当的收入。“板账钱”，亦起于南渡以后，其不正当更甚。《宋史》说：“输米则增收耗剩，交钱帛则多收縻费。幸富人之犯法而重其罚，恣胥吏之受赇而课其入，索盗赃则不偿失主，检财产则不及卑幼。亡僧绝户，不俟核实而入官。逃产废田，不与消除而抑纳。他如此类，不可遍举。”大概这种苛税之兴，都是起于唐中叶以后，历五代而愈甚。宋朝虽说蠲除烦苛，毕竟没有蠲除得尽。而到后来，财政的困难，却和唐五代时相等，自然驾轻就熟，种种的苛税，同时并作了。所以我说：唐代的藩镇擅土，实在让中国的税法有了一个大变迁。

金朝官卖的东西有：酒、曲、茶、醋、香、矾、丹、锡、铁、盐十种。而以盐为首。其法：亦由官卖之于商人，而给以“钞”“引”，行盐各有界域。征商之制，亦有关税和商税（金朝的税法，大概是因仍于宋的。无甚特创的制度）。

元朝的盐，以四百斤为一引，行盐亦各有郡邑。有由商卖的，亦有由官设盐铺的（大概是交通不便的地方，商人莫肯前往）。又有验户口多少，输纳课钞的（这种法子，也起于五代时候。其初是官把盐按户勒销。到后来，则并不卖盐，而这一笔钱仍旧要出，就变作一种赋税。再到后来，则出了这一笔赋税，而官仍旧要禁榷盐），则谓之“食盐地方”（对于食盐地方，则官卖盐之处，谓之“行盐地方”）。茶亦有引。长引一百二十斤，短引九十斤。后来除长引，专用短引。卖零茶的，则给以“茶由”。每由自三斤至三十斤，分为十等。于出茶地方，设立提举司七处。又于江州设立榷茶都转运司。酒曲和醋，亦都由官卖。

商税的制度，其详不可考见。据《元史》说：逮至天历之际，天下总入之数，视至元七年所定额，不啻十倍云：则其收数甚多（但是其中有一个钞价下落物价腾贵的关系，须要除去计算）。对于海外的贸易，则元朝较宋朝更为注意。市舶司共有七所（泉州、上海、澉浦、温州、广东、杭州、庆元，但亦时有罢复），世祖初定江南时，沿海地方，到外洋去贸易的，其货都十分取一，粗者十五分取一。出去的时候，和回来的时候，以及所到的地方，所买得的货物，都要由市舶司查验的。至元二十年，始定抽分之法。明年，卢世荣变法，官自具船给本，选人入番贸易。其所获之息，以十分为率，官取其七，所易之人得其三，而禁止人民到外国去买卖。世荣死后，这种法子亦就废掉。

第七节　钞法

宋、辽、金、元四朝，还有一件事情和民生大有关系的，便是钞法。

中国的币制，在古代本是“金铜并用”的。而金为“秤量制”，铜为“铸造制”，已见上古卷第九章第二节。这种制度，到汉朝还没有改。但是魏晋以后，黄金便大少了。金之所以少，前人都说由于写经造像的消耗（别种奢侈的用途，黄金总还在的。只有写经造像，却一消耗，就不能回复）。但是魏晋以后，贫富渐均（参看中古卷第六章，第十五章第五节），金以散而见其少，也是一个原因。

古代的币价，对于物价，是很贵的。据李悝所推算，当时平民一家，终岁之用，不过一千五百个钱（其实这个还不过用钱币推算价格，未必所用的东西，一一都要用钱去买），如何用得到黄金？所以古代货币，虽说金铜并用，以我们所推想，可以晓得黄金并不在多数人手里流转（参看《建设杂志》二卷六号通信栏）。

然则当时的大宗贸易是怎样的呢？难道一一辇着现钱去做买卖吗？这也不然。大宗买卖，总有抵销推划……法子。所以《周礼》上头，就有“质剂”（《周礼》固然是伪书，也多用古书为据，不是凭空造出来的。就算他凭空造出来，也一定是按着汉代社会情形造的。那么，《周礼》上有质剂，就足以证明汉代社会券据等类业已通行很广）。况且当时代钱用的东西多着呢——其最普通的就是帛。

但是这种办法，一定有许多单位不同的东西（如金、银、布、帛等）在社会上同时并行，当作货币用，于计算上也很为不便。倘使有一种东西，能专代表钱币的价格（它本身不另有价格），而又有“轻剂”之便，一定是众人所欢迎的。是故，纸币就自然发生出来。

还有一件，中国历代的币制，是紊乱时多，整理时少。从汉到宋，只有汉朝的五铢钱，唐朝的开元钱，是受人欢迎的。此外就都是迫于无法，只得拿来使用。这两种钱，在社会上通行的时代实在很短。就是这两种钱通行的时候，也还有别种恶钱夹杂在里头（历代钱法，因限于篇幅，未能历举。简单些，可把《汉书》《隋书》《唐书》的《食货志》看一遍做参考）。所以我们可以推想从汉到宋，社会上用钱的人，实在困苦万状。到五代，就更倒行逆施，有一两国竟用起铁钱来（这是同重商主义的经济学家一样的见解，想借此防止钱币流出于国外之故）。宋朝不能厘革，于一定的区域中，仍旧听铁钱行使。其中四川，交通既不方便，初平的时候，除江南、四川外，又都不准行用铁钱。所有的铁钱，就都一拥而入（江南后来却不行了）。而四川，以交通最不便的地方，使用这种最笨重的货币，于是数百年来扰乱中国经济界的钞法，就以此为发源地了。

宋朝的行用纸币，起于真宗时候。先时蜀人患铁钱太重，自行发行一种纸币，谓之“交子”。每一交计钱一缗，三年而一换，谓之一界（就是每三年，将旧的尽行收回，另发新的一次），以富民十六户主之。后来富民穷了，渐渐地付不出钱来，以致时有争讼。转运使薛田乃请于益州设立交子务，而禁其私造。于是民间自行发行的纸币就变作官发的了。熙宁时，曾以此法推行于河东、陕西，旋即停罢。蔡京当国，才推广其行用的区域，又改其名为“钱引”。当时除闽、浙、湖、广外，全国通行。然滥造滥发，并没兑现的预备，以致一缗只值钱十余文。纸币行用了不曾满一百年，已经闯下这么一场大祸来了。南渡以后，初时行用的，仍名交子。后来又有“会子”同“关子”（会子初仅行于两浙，后来亦但行于两淮、湖北、京西。关子则系末年所造），亦系分界行使。但（一）既不能兑现，（二）而每界又不能按时收回。往往两界或两界以上同时行使，其价格也就不能维持，有时实在下落得无可如何，便用金、银、度牒、官告、香药等去收回，谓之“称提”，但亦总不能回复额面的价格（最新的一界，已不能维持额面的价格。再前两界的，其价格就更要低落）。然而宋朝的纸币，总还算是好的，金朝就更不堪设想了。

金朝的行钞，是海陵迁汴之后，户部尚书蔡松年所出的主意。印造一贯、二贯、三贯、五贯及十贯五种，谓之“大钞”；一百、二百、三百、五百、七百五种，谓之“小钞”，与钱并行，以七年为“纳旧易新”之限。其初信用很好，商贾有拿着钱去买钞的。世宗大定二十九年，罢“七年厘革之限”。从此出多入少，价格就渐渐地跌落。最可笑的是，恶货币驱逐良货币的法则，要彻底明白，原不容易。然而“铜钱和纸币，以同样的效力行使，人家一定要把钱藏起来”，这种事实，也是显而易见的。乃金章宗全不明白，反发“大定间钱至足，今民间钱少，而又不在官，何邪”的疑问，于是立“人民藏钱”和“商旅赍现钱”的限制。其结果，藏的人还是藏，销为器物的还是销，运出境的还是运，市面上仍是钱荒。兵兴以后，财政困难，一味地借造钞接济，钞价就一落千丈。承安二年溃河之役，至以“八十四车充军赏”。贞祐三年七月，改交钞之名为贞祐宝券，不多时，就“千钱之券，仅直数钱”（四年八月，高琪说的）。兴定元年，又改造一种贞祐通宝，以一贯当宝券千贯，四贯等于银一两。五年，又造兴定宝泉，一贯等于宝券四百贯，两贯等于银一两。元光二年，又立法，每银一两，价格不得超过宝泉三百贯。其跌落之快，也就可惊了。于是又立法：凡物价在银三两以下的，不准用银。三两以上的，须三分之一用银，三分之二用钞。然而仍旧是有名无实，至哀宗正大间，民间遂全以银市易（用银的始末，见近世卷第十四章第七节）。

元朝的钞法，又有一特别之点，便是它“不和铜钱相权，而和丝银相权”。因为这时候，社会上所存的钱实在太少了。帛是社会上向来把它当货币用最广的。银则是新兴之物，最得大家信用的。这也是自然的趋势。中统元年，始造交钞，以丝为本。旋又造中统宝钞，分十、二十、三十、五十、一百、二百、五百、一千、二千九种。其价是：

中统宝钞1贯=交钞1两=银1/2两

又以纹绫织为中统银货，有一两、二两、三两、五两、十两五等，每一两的价，等于白银一两，没有发行。至元十二年，又造厘钞三种，是一文、二文、三文。因民不便用，十五年，就取消。

中统钞行之既久，物重钞轻。至元二十四年，改造至元钞。其价是：

至元钞1贯=中统钞5贯=银1/2两=金1/20两

我们可以晓得当时的金银比价，恰是十倍。中统钞行了二十八年，价格跌为五分之一。武宗至大二年，又造至大银钞。其价是：

至大银钞1两=至元钞5贯=银1两=金1/10两

仁宗即位，因为倍数太多，轻重失宜，罢去银钞。而中统至元二钞，“终元世盖常行焉”。

元朝的钞，离开铜钱，而和实物相权，共有五十二年。顺帝至正十年，丞相脱脱议改钞法。铸至正通宝钱，和历代铜钱并用，是为钞法的一变。这时候，是：

中统钞1贯=至元钞2贯=钱1000文

有了钱可以相权，钞价应当涨起。然而《元史》说：“行之未久，物价腾踊，价逾十倍。”大约因名为相权，其实徒有虚名之故。又值海内大乱。“每日印造，不可数计。舟车装运，舳舻连接……所在郡县，皆物货相贸易。公私所积之钞，人视之若弊楮。”元朝的钞法，就此无从收拾了。

历代的币制，虽不整理，究竟要添出铜钱，总不能像纸币那么快；货币价格的变动，就也不能像纸币时代那么快。宋、辽、金、元四代的钞法，在正史的《食货志》上看来，也不过七八卷书；然而当时人民的财产，因此而受损失的，却不知凡几了。到了明朝，就成纸币的末运，而银两大行。这个留待下篇再讲。

第八节　学术风俗

从魏晋到唐，为老学和佛学发达时代。中古卷第十五章第六节，已经说过了。到北宋时，而这种学问的反动力又起。

魏晋时代的哲学，可称为“东汉末年，琐碎的考据和前此妖妄不经的迷信，合而为一”的一个反动。再进一步，就索性研究到佛学。这种学问，原是很有价值的。然而走到极端，就未免太偏于“出世”。到两宋时代，就要再一变而为“入世”了。这种思想，来源也颇远，唐朝时候，有一个韩愈，作了一篇《原道》，所说的，便是这种意思，但是韩愈这个人，学问太浅了，所以建设不出什么事业来。

无论什么事情，总有个哲学上的根据。对于一种学问的反动，也必已尽量吸收这种学问的长处。所以宋学的起源，还得借重于道家之学——就是中国最古的哲学，而为神仙家所窃取的（参看中古卷第十五章第六节）。

以通行数百年，支配人心，极有力量的宋学，而其起源，反借重于一张隐居华山的道士（陈抟）所传的《太极图》和《先天图》，岂非奇谈。这张图，前人所辩争，是“到底是儒家的，还是道家的”这一个问题。我如今发现变相的道家（新神仙家）是本来一无所有的，他所有的都是窃取来的。这个问题，便没有辩争的必要了。

陈抟之学，一传而为种放、穆修，再传而为刘牧、李之才、周敦颐。刘牧撰《易数钩隐图》，敦颐撰《太极图说》。图书之学，就如日中天。李之才传其学于邵雍，撰《皇极经世书》。这一派学问中术数一派，就发达到极点。周敦颐之学，由二程而远传于朱晦庵，这一种学问中哲理一方面，也就推阐无余了。

```
陈抟┬种放—刘牧
    └穆修┬李之才—邵雍
         └周敦颐┬程颢
                └程颐—杨时—罗从彦—李侗—朱熹
```

还有两种思想，也是北宋时学术的渊源。一则五代时气节坏透了，所以这时候的学者，都要讲究砥砺气节，孙复等是这一派。一则这时候国势衰弱，社会也凋敝极了。要想挽回国势，救济社会，就得讲究经世之学。胡瑗、范仲淹等，是这一派。这两派的思想，再参以性理的精微，把修己治人，打成一橛，便是张载一派。

朱熹的学问，总算是宋学的集大成。他既很讲究心性的精微，而于致用之学，以及孔门的经，也极意考究（朱子所注的经极多。除《四书集注》外，于《易》有《本义》，于《诗》有《集传》，《书》则蔡沈的《传》，是承朱子意思作的。于

《礼》则有《仪礼经传通解》，于《春秋》虽没有书，然他所编的《纲目》，实在自以为继《春秋》而作的）。所以他的学问，可以代表（一）修己治人，一以贯之，和（二）承佛老之后的反动力，返而求之于儒的两种思想。前一种，是吸取魏晋到唐老学和佛学的精华，以建设一新儒学，革新儒家的面目。后一种，则系承佛老之学大盛之后，矫其过盛之弊，而还之于实用。这两种都是当时学术界上应有的思想。朱熹实在能够代表它，所以朱熹在宋学中，总可称为正统派。

但他所讲的格物致知："盖人心之灵，莫不有知；而天下之物，莫不有理；惟其理有未穷，故其知有不尽也。是以大学始教，必使天下学者，即其已知之理而益穷之，以求至乎其极，而一旦豁然贯通焉，则众物之表里精粗无不到，而吾心之全体大用无不明矣。"实在是空空洞洞，无从下手的。而且要把天下的物，格得"表里精粗无不到"，而后"吾心之全体大用无不明"，这种致知，也可以说永远没有达到目的一天的。所以有陆九渊一派出来，说即物穷理是"支离"，要先启发人本心之明，和他对峙。

从宋学兴起之后，学术思想界起了一个大革命。"尽祧汉唐诸儒，而自以为直接孔门的心传"，是宋学的一个特色。因此就发生"道统"之说，把周、程、张、朱，直接孟子。到《元史》，就于《儒林》之外，别立《道学传》，把宋学和前此的儒学都分开了。

讲究砥砺气节，自然是一种好处。然而其弊，不免矫激沽名，就不免要树党相争。再加宋儒的议论，彻底太甚。于是论人则失之“苛刻”，论事则失之“负气”。往往有一种“只论是非，不论利害的偏见”，就是军国大事，也要拿来做孤注之一掷。加以这时候，对外失败，更足以激起国民的愤慨。就有像胡安国《春秋传》一派的议论（主张尊王攘夷），颇养成国民“褊狭”和“虚骄”的观念。

这种学术思想，固然是党争的灵魂。而学派的分歧，就更能赋之以形。北宋的党争是从王安石变法以后才大盛起来的。王安石不但是个政治家，亦且是文学者。当他执政的时候，他所著的《三经新义》，曾经立于学官。王安石和程颐，政见本是反对的。到徽宗时候，程门的高弟杨时，首先明目张胆攻击王安石的学术。从此以后，程、王两家的学说，就立于正反对立的地位。南渡以后，秦桧是主张王安石之学的，赵鼎是主张程颐之学的。秦桧死后，曾经下诏：说“学术惟求其是，不必偏主一家”。然而学术界的趋势，毕竟不是一纸诏书所能防止的。酝酿到后来，到底成了庆元以后“伪学”之禁。

朱熹之学，虽然讲究心性，然而他于经世之务，和孔门的经，都颇留意。所以朱熹的学问是颇为切实的，就是他的门徒黄榦、王应麟等，学问亦极切实（应麟著《困学纪闻》，是清代“考证学”的一个远源。榦续成《仪礼经传通解》，是江永《礼经纲目》、秦蕙田《五礼通考》的先河）。然而天下事，总不免于偏胜。像宋学这种专讲究心性的，到后来自然就流于空疏。周密《癸辛杂识》上说：

> 世又有一种浅陋之士，自视无堪以为进取之地；辄亦自附于道学之名，褒衣博带，危坐阔步，或抄节语录，以资高谈；或闭眉合眼，号为默识。而叩击其所学，则于古今无所闻知；考验其所行，则于义利无所分别。此圣门之大罪人，吾道之大不幸；而遂使小人得以借口为伪学之禁，而君子受玉石俱焚之祸者也。

可见空疏无具的风气，到南宋时已很盛了。

宋学的行于北方，是元以后的事情，其中最初提倡的是赵复，后来极著名的是金履祥、许谦等。都是程朱一派，只有个吴澄，是颇近于陆九渊一派的。

还有一件事，当两宋时代，史学颇为发达。司马光的《资治通鉴》、郑樵的《通志》、马端临的《通考》（虽有杜佑的《通典》在前，实不及此书之精），都是贯串古今的名著，为前此所未有的，这也是讲求经世之学的结果。

文学上，则因讲求理学，尊重实用故，性质近于质实，而不主张华藻。所以散文较骈文为发达。欧阳、三苏、曾、王等，都是有名的作家，这也是魏晋到唐的文学的一种反动力（参看中古卷第十五章第六节）。因崇尚质实的趋势，而白话文大为发达。在学术一方面，则应用之于语录上，以求不失真意。在文学一方面，则用之于小说和戏曲上，为文学界开一新生面。

北宋以后，印刷术的发达，是和中国学术的进步大有关系的。本书篇幅有限，不能备详。近人所著的《中国雕版源流考》，颇可参考。